Collana a cura di Eliana Ferioli
Coordinamento editoriale: Silvana Franconeri
Progetto grafico: Studio Editoriale "L'Erta" di P. Sirtori, Bobbio (PC)
Impaginazione e redazione: MN&CG srl, Milano
Revisione testi e aggiornamento a cura di Maria Grazia Pallavicini
Redazione e revisione grafica per la nuova edizione: Pier Paolo Puxeddu+Francesca Vitale studio associato

Testi e immagini parzialmente tratti da Coltivare l'orto, Giunti 2001.

Disegni:
© Gabriele Pozzi pp. 8, 10, 20, 22, 23, 30, 36, 40, 43, 59, 62, 68, 71, 74, 76, 86, 88, 90, 93as, 96, 99a, 100, 102, 104, 105, 119;
© Mario Stoppele pp. 28, 58, 60, 61, 65, 66, 67, 70, 73, 75, 79, 81, 82, 85, 87, 92, 93db, 95, 99bd, 101,104, 107, 111, 113.

Referenze fotografiche:
Tutte le immagini appartengono all'Archivio Giunti a eccezione delle seguenti:
© Mimma Pallavicini: pp. 4, 6, 9, 11, 12, 13, 18, 21, 24, 25, 26sx, 27, 33, 39dx, 41, 44, 47, 50, 55, 67, 68, 69, 72b, 78, 83, 88, 89bsx, 107, 108bdx, 109a, 115;
©Shutterstock: p.14 KMNPhoto, p.17 mjaud, p. 32 Simon Poon, p. 37 ajlatan, p. 62 alto Nadezhda Nesterova, p. 77 alto Marykit, p. 84 alto Matteo Volpone, p. 91 alto Vasyl Dudenko, p. 91 basso Maks Narodenko, p. 94 Khumthong, p. 101 basso sinistra Sabino Parente, p. 114 Dionisvera

www.giunti.it

Via Bolognese 165 - 50139 Firenze - Italia
Piazza Virgilio 4 - 20123 Milano - Italia
Prima edizione: febbraio 2009
Prima ristampa: giugno 2017

MISTO
Carta da fonti gestite in maniera responsabile
FSC® C016466
FSC www.fsc.org

Stampato presso Lito Terrazzi srl, stabilimento di Iolo

L'ORTO

coltivarlo in modo sano e naturale

DEMETRA

SOMMARIO

La struttura del terreno

Per ottenere ortaggi sani e abbondanti non bastano la buona qualità delle sementi, un corretto metodo di lavorazione, le concimazioni; sono fattori indispensabili ma insufficienti da soli a garantire il successo dell'impegno. È necessario entrare in sintonia con il terreno e conoscerne le caratteristiche fisiche.

Si definisce "terreno agrario" quella piccola parte della superficie terrestre in grado di accogliere una coltivazione. Deserti, ghiacciai, nude rocce, come chiunque può comprendere, non sono vocati alla crescita delle piante, e men che meno di quelle di interesse alimentare.

IL TERRENO IDEALE

Esistono terreni apparentemente adatti alle colture, che in realtà celano carenze non valutabili a occhio nudo: rientrano in questa categoria i suoli eccessivamente acidi, calcarei oppure argillosi che, alla prova dei fatti, danno sempre risultati negativi.

La sezione di un terreno agrario evidenzia come lo strato superficiale sia più scuro per la presenza di humus (prodotto dall'attività di microrganismi e insetti). È questo lo strato più fertile, e l'orticoltore deve adoperarsi per mantenerlo tale.

Il terreno è vivo

Sezionando con una vanga il terreno, si evidenziano diversi strati sovrapposti, ognuno diverso per colore, composizione, tessitura.

● La **differenziazione cromatica** è dovuta sia ai processi ossidativi più intensi che si verificano negli strati superficiali esposti all'atmosfera, sia all'attività microbica.

● Quella che al profano può apparire una superficie sterile in attesa solo di essere coltivata è, in realtà, una fucina biologica che pullula di **microrganismi**. Funghi, batteri, attinomiceti, alghe microscopiche – ai quali vanno ad aggiungersi insetti, lombrichi e altri organismi viventi – svolgono una loro specifica azione: la continua demolizione delle sostanze organiche in sostanze più semplici assorbibili dalle radici.

● L'attività degli organismi sotterranei non avviene in modo omogeneo nei diversi strati del suolo; ogni "entità" predilige un preciso habitat, con determinate **caratteristiche fisico-chimiche**, di temperatura, umidità, ossigeno e così via. In massima parte queste forme di vita si sviluppano negli strati più superficiali del terreno e la loro concentrazione diminuisce, sino a diventare inesistente, a 4-5 metri di profondità. Se le radici degli alberi d'alto fusto e degli arbusti di maggiore sviluppo scendono ben più profonde, non è dunque per la ricerca di cibo, ma solo per garantire l'ancoraggio alla pianta.

Il **colore scuro** del terreno superficiale è dovuto alla presenza di **humus**, cioè il prodotto della decomposizione e trasformazione della **materia animale** e **vegetale** morta da parte dei microrganismi del terreno. Oltre a essere ricco di azoto, elemento indispensabile alla vita delle piante, l'humus ha elevato potere assorbente, trattiene acqua e calore, creando così le condizioni adatte alla vita degli organismi utili, tra cui i lombrichi, e scoraggiando invece le colonie di quelli dannosi per le colture, per esempio le anguillule (piccoli vermi nematodi). In generale l'humus svolge una complessa **funzione regolatrice** sulla fertilità del terreno ed è per questo che l'orticoltore si adopera per garantire sempre il giusto livello di humus nelle parcelle del suo orto.

LE CARATTERISTICHE FISICHE DEL TERRENO

Confrontando campioni di terreno prelevati in zone diverse si notano sostanziali differenze nella composizione fisica del terreno. Schematizzando al massimo, si distinguono quattro principali tipologie.

Terreno sassoso: prevalgono ciottoli, ghiaia e materiali inerti in genere oppure le particelle di terra hanno diametro superiore a 2 millimetri. Questi terreni lasciano filtrare e sgrondare subito l'acqua. La granulometria eccessiva e l'incoerenza del suolo (poiché contiene poca terra, ha scarso "legante") vanno quindi a scapito delle radici delle piante, che non trovano acqua e nutrimento sufficiente. Inol-

L'ESPERTO CONSIGLIA

Come arricchire il suolo di humus

Per ripristinare un alto tenore di quelle sostanze colloidali che vanno sotto il nome di humus è sufficiente procedere una volta all'anno alla concimazione di fondo a base di letame ben stagionato, proveniente dalle deiezioni di bovini, ovini, conigli, polli, eventualmente compostato con residui vegetali e scarti di cucina. Un qualche ruolo positivo per l'aumento dell'humus nel terreno lo svolgono anche pratiche quali il sovescio, la sarchiatura delle erbe infestanti e la vangatura nel terreno delle piante esaurite e secche di pisello, fava, fagiolo e fagiolino.

Anche l'interramento dei baccelli di pisello contribuisce a formare l'humus.

tre, questo tipo di terreno è un ostacolo alla germinazione dei semi.

Terreno sabbioso: prevale la sabbia, grossa o fine che sia. La caratteristica negativa di questi terreni è che, similmente a quelli sassosi, trattengono poco l'acqua. Però si lavorano con facilità, contengono una buona quantità di ossigeno e, se arricchiti di humus con concimazioni frequenti, garantiscono il successo delle coltivazioni.

Terreno argilloso

Terreno argilloso: prevalgono le particelle di diametro piccolissimo e con una notevole coesione tra loro, per cui non lasciano drenare l'acqua e sono asfittici, male arieggiati a discapito delle radici delle piante Questi terreni possono essere soggetti ai ristagni, si lavorano con difficoltà, ma poi mantengono la forma data con le lavorazioni.

Terreno di medio impasto: pietre, sabbia, argilla e sostanze colloidali derivate dalla demolizione delle sostanze organiche sono presenti in giuste proporzioni. Il terreno di medio impasto si lavora con facilità, lascia drenare in giusta misura l'acqua, trattenendone la quantità necessaria alla vita delle piante. Quando il terreno destinato all'orto non ha queste caratteristiche, si deve fare ricorso agli **ammendanti**, cioè va integrato con le sostanze di cui è carente: sabbia e ghiaia per migliorare il drenaggio e l'aerazione, concimazioni organiche per favorire l'humus, torba o compost per aumentare la coerenza e la capacità di trattenere umidità e via discorrendo.

COME RICONOSCERE IL TIPO DI TERRENO

Un metodo semplicissimo per riconoscere la **tessitura** di un terreno, cioè il grado di coesione e la dimensione delle sue particelle, consiste nello stringerne in pugno una manciata. Se aprendo la mano rimane plasmata in modo ben definito la forma delle dita, il terreno è certamente argilloso e si dice che è **compatto e pesante**. Se al contrario la manciata di terra si sbriciola nel palmo, si tratta di un terreno sabbioso: si dice che è **sciolto e leggero**. Anche un terreno ghiaioso e grossolano è sciolto, ma le particelle si sgretolano in porzioni più voluminose. Se infine stringendo il pugno si coglie che la piccola quantità di terra è elastica, né troppo compatta né troppo incoerente, è senza alcun dubbio un giusto mix di componenti e si dice che è di **medio impasto**.
La prova non è definitiva, perché per poter stabilire che si tratta di un buon terreno per le colture dovranno ancora essere valutati altri fattori, tuttavia con discreta approssimazione si può stabilire con quale terra si ha a che fare, e agire di conseguenza.
Un'altra prova alla portata di tutti consiste nel prelevare alcune cucchiaiate di terra dallo strato superficiale del suolo e con queste

Per stabilire approssimativamente di che tipo è il proprio terreno basta versare in un vaso 3/4 di acqua fredda e 1/4 di terra da analizzare, agitando il tutto. Sabbia e particelle grossolane si depositano subito sul fondo (1). Dopo un breve periodo di riposo si depositano anche gli elementi più minuti (2). L'argilla invece si deposita molto lentamente (3).

riempire, per circa un quinto, un vaso di vetro possibilmente alto e stretto. Dopo aver colmato con acqua si agita energicamente il contenuto e poi lo si lascia depositare. Sul fondo cadranno quasi subito, nell'ordine, la sabbia grossolana, poi la sabbia media, quindi quella fine e per ultime le particelle di terra, mentre rimarranno a lungo in sospensione le sostanze organiche ancora in decomposizione, che in parte potranno anche galleggiare. Durante lo scuotimento l'acqua si intorbida perché i materiali più fini (quali argilla, polvere di roccia, sabbia impalpabile) rimangono sospesi nel liquido prima di ricadere sul fondo.

COME MIGLIORARE IL TERRENO

Per coltivare l'orto con successo è necessario che il terreno sia di medio impasto. Il bravo ortolano deve adoperarsi perché la tessitura del terreno raggiunga queste condizioni ideali.

● **Se il terreno è eccessivamente compatto:** si tratta di un suolo argilloso o limoso. Difficile da lavorare, poco arieggiato e scarsamente permeabile, lascia ristagnare l'umidità che provoca nelle piante pericolose condizioni di **asfissia radicale**. Al contrario, in caso di siccità prolungata questo terreno si screpola e si fessura, favorendo così l'evaporazione dell'umidità profonda, cioè peggiorando le condizioni negative dovute alla siccità.

Modificare in meglio il terreno compatto non è difficile, ma richiede costanza. Si deve agire apportando **sostanza organica** (letame, sovescio, composto, terricciati ecc.) per migliorarne sensibilmente la struttura e favorirne il drenaggio. Inoltre è utile la distribuzione di notevoli quantità di **sabbia** le cui particelle grossolane, una volta amalgamate a quelle assai più piccole del limo e dell'argilla, renderanno equilibrata la composizione. Questa pratica, che sarebbe costosa su superfici estese, è invece facile da mettere in atto per migliorare la terra di un piccolo orto, come l'aggiunta di **marna** oppure **calce**. La marna è una terra particolarmente ricca di calcare e quindi di calcio, il quale svolge benefici effetti sulla struttura del terreno in quanto ne migliora la porosità. Funzione analoga svolge la calce.

Un sensibile miglioramento dello strato utile del terreno si ottiene anche con **lavorazioni frequenti**, poiché si espone il terreno all'azione disgregatrice degli agenti atmosferici. È sufficiente osservare un terreno lavorato di fresco e confrontarlo con uno poco lavorato per rilevare l'evidente miglioramento strutturale.

Se il terreno è troppo sciolto: in genere è caratterizzato dalla presenza elevata di particelle a grana grossa, soprattutto sabbia, ghiaia, più raramente ciottoli, per cui presenta minima coesione e scarsa attitudine a trattenere umidità. Si può comunque intervenire per correggere questa situazione e limitare i danni che ne conseguono alle piante. L'apporto di **sostanza organica** è la pratica più importante per migliorare stabilmente la tessitura della terra e la sua capacità di assorbire e trattenere acqua e sostanze fertilizzanti. Il risultato visibile è che aumentano coerenza e adesione tra loro delle particelle di terra. Meno praticabile su larga scala, l'apporto di **argilla** è utile per esempio per adeguare una parcella dell'orto alle necessità di piante ortive molto esigenti, che soffrono la siccità e la scarsa fertilità dovuta alla eccessiva componente sabbiosa che caratterizza il terreno.

I TRUCCHI DEL MESTIERE

Come sfruttare le caratteristiche strutturali del terreno

Se è **sciolto** e **sabbioso** si scalda presto in primavera ed è sempre piuttosto asciutto nella stagione calda: ideale per aglio, cipolla, scalogno, pomodoro, peperone, melanzana, carota, anguria, patata, finocchio, fava.

Se è **compatto** e piuttosto **argilloso** trattiene umidità e si mantiene caldo più a lungo in autunno. Vi si coltivano con buoni risultati: asparago, barbabietola, sedano, cavoli in genere, melone, prezzemolo, rapa, spinacio, lattuga, cicorie in genere, zucchine.

Per un orto presso il mare, con terreno molto sciolto, si consiglia la piantagione un po' incassata degli ortaggi per impedire l'immediata dispersione dell'acqua.

La chimica del terreno

Oltre a valutare i vari aspetti fisici che caratterizzano il suolo dell'appezzamento da destinare a orto, occorre conoscerne anche le proprietà chimiche, e precisamente se il terreno è acido, basico o neutro.

La reazione chimica dei terreni si chiama **pH** (potenziale idrogeno) e viene misurata con uno strumento, detto piaccametro, su una scala da 0 (massima acidità) a 14 (massima alcalinità).

IL VALORE DEL PH

In realtà un terreno ha sempre valori compresi tra 4 e 9 ed è neutro con un valore di pH uguale a 7. Quest'ultimo valore è ideale per la coltivazione degli ortaggi, mentre una reazione fortemente acida (valori compresi tra pH 4 e pH 5) o fortemente basica (valori tra 8 e 9) ne riduce in maniera drastica le capacità vitali, mentre aumentano progressivamente le prestazioni delle colture con valori prossimi a pH 7.

Tutti i cavoli nei terreni molto acidi si ammalano spesso di ernia, che ingrossa le radici e il fusto e impedisce lo sviluppo normale delle piante colpite. Per parecchi anni sarà poi necessario coltivare altrove questi ortaggi: la malattia è dovuta a un fungo (Plasmodiophora brassicae) *che persiste a lungo nel terreno, non essendoci fitofarmaci specifici per uso amatoriale.*

A questa schematica premessa si deve aggiungere la considerazione che ogni ortaggio ha un suo pH ideale. Quello del pomodoro, per esempio, è compreso tra 6 e 6,5, mentre per gli asparagi è tra 7 e 7,5. La maggior parte degli ortaggi ha comunque capacità di adattamento che ne consentono la coltivazione anche in situazioni non proprio ideali, purché con valori di pH compresi tra 6 e 7,5.

Il terreno acido

È il cosiddetto "terreno di brughiera", adatto alle piante da giardino cosiddette acidofile (rododendri, pieris, eriche ecc.). Ma le specie ortive, che gradiscono una leggera acidità, soffrono se questa è eccessiva.

Come correggerlo. Se, dopo l'analisi con il piaccametro, il terreno dell'orto si presenta eccessivamente acido, si può porre rimedio con sostanze ammendanti a pH alcalino, per esempio polvere di rocce calcaree, basalto, dolomite (in media un paio di chilogrammi per 10 metri quadrati), ma anche sostanze facilmente reperibili in casa, come la **cenere di legna** e altre classificabili anche come fertilizzanti e non solo correttivi, quali le **scorie Thomas** e il **litotamnio**.

In passato per correggere i terreni acidi si usava anche la calce viva, lasciata all'aria per una stagione e in seguito interrata con la vangatura. Tuttavia oggi si preferiscono altri ammendanti meno aggressivi. La calce viva, oltrettutto, consuma le riserve di humus del terreno, obbligando a concimazioni organiche più frequenti.

L'ESPERTO CONSIGLIA

Favorire la presenza di colloidi

La capacità che ha un terreno di trattenere i **principi nutritivi** che lo attraversano in soluzione si chiama potere assorbente. Questo è tanto maggiore quanto più alta è la quantità nel terreno di microscopiche **particelle amorfe** dette colloidi che, attraverso complessi meccanismi chimico-fisici, sono in grado di legare a loro alcuni principi nutritivi, impedendo alle piogge di dilavarli e di trascinarli negli strati profondi, fuori dalla portata delle radici delle piante. I colloidi svolgono quindi una funzione di bloccaggio degli elementi nutritivi, a tutto vantaggio delle radici.

Compito dell'orticoltore accorto è dunque anche quello di favorire la presenza di colloidi nelle parcelle dell'orto, arricchendo sistematicamente il terreno con **humus**, letame, foglie compostate e altre sostanze organiche ricche di particelle colloidali.

Il terreno basico o alcalino

In parole povere, è il suolo che contiene alte percentuali di calcare. Molte piante, ortive e non, non possono più assorbire il ferro dal terreno quando questo è molto calcareo e ingialliscono a causa del fenomeno noto come **clorosi**. Colpisce per esempio specie da frutto quali il pero e la fragola.

● **Come correggerlo.** Si tratta di un'esigenza che si riscontra frequentemente in Italia, dove sono numerosi i suoli con elevati contenuti di calcare. Si può rimediare con la somministrazione sia di sostanze organiche anche con potere fertilizzante, sia di sostanze minerali che modificano la reazione del terreno. Tra le sostanze organiche, il letame può essere vantaggiosamente utilizzato come ammendante in grandi quantità, in quanto ha pH leggermente acido. La **torba acida** è utile anche a rendere più leggeri i terreni pesanti e a trattenere umidità in quelli troppo sabbiosi. Tra le sostanze minerali si segnalano in particolare lo **zolfo in fiori**, utile anche a consentire l'assorbimento degli altri minerali da parte delle radici, e il gesso, ovvero il solfato di calcio, che libera particelle acide nella soluzione circolante. A causa del suo contenuto di calcio, tuttavia, il gesso può avere effetti negativi come la calce: aumenta le produzioni ma esaurisce rapidamente le riserve organiche del terreno.

D'inverno lo spinacio assorbe l'azoto che verrebbe dilavato dalla pioggia; per questo è considerato una pianta utile per la conservazione nel terreno dei minerali fertilizzanti. L'azoto è il più importante di tutti, in quanto responsabile dello sviluppo delle foglie e del legno di tutti i vegetali.

L'attrezzatura dell'ortolano

Un vecchio motto recita: "Ad un bravo guerriero ogni arma serve".
Se si è orticoltori provetti possono bastare pochi attrezzi di base usati con creatività.
Tuttavia a chi è ordinato e preciso ne possono servire molti di più...

Per ottenere i risultati sperati è assolutamente necessario utilizzare gli strumenti adatti e conservarli in perfetto stato, pulendoli con cura.

GLI ATTREZZI INDISPENSABILI

●**Vanga:** conviene attenersi ai modelli in uso nella zona, a garanzia del fatto che sono adatti al tipo di terreno del luogo. Esistono modelli a lama quadra, rettangolare, a scudo. Il tipo a rebbi, del tutto simile a una forca ma con i rebbi più brevi e dritti, facilita la vangatura dei terreni molto compatti e argillosi. Viene chiamato anche **tridente foraterra** e mantiene questo nome anche se i "denti" sono quattro o cinque.

●**Zappa:** anche in questo caso i modelli sul mercato sono numerosi. Conviene scegliere un modello adeguato al proprio braccio e alla propria forza, e poi affiancare la zappa principale, per gli usi generali, con una **zappetta leggera a lama piatta** per i lavori rapidi e superficiali e una zappetta a punta per tracciare i solchi.

●**Forcone:** serve a sminuzzare le zolle, ad arieggiare il terreno e a spostare materiale organico e letame fresco sul cumulo di compostaggio. Deve avere rebbi curvi e forti, preferibilmente in acciaio temprato.

●**Rastrello:** per l'orto serve solo il modello in ferro, di larghezza limitata (30-60 cm) e con rebbi brevi. Poiché serve principalmente per livellare il terreno, è bene che abbia il dorso piano, utilizzabile per la finitura delle parcelle.

●**Trapiantatoio:** è la consueta paletta per tutti i lavori di giardinaggio, compresi quelli nell'orto. Deve essere di ottima qualità, con lama spessa e manico ergonomico.

●**Carriola:** indispensabile per spostare letame, composto, rifiuti vegetali dell'orto, materiali da costruzione per realizzare cordoli, pavimentazioni, recinzioni ecc. I modelli tradizionali (in ferro e con ruota in gomma) sono i più durevoli e solidi, ma oggi esistono modelli altrettanto validi in materiale plastico o addirittura in tela impermeabile e pieghevoli.

●**Forbici:** nell'orto non servono modelli sofisticati e costosi, perché l'uso è marginale. Tuttavia conviene sceglierne un paio con lame robuste per i lavori generici e un altro paio con lame lunghe e sottili per operazioni più specialistiche, per esempio cimare uno stelo, rimuovere una foglia attaccata da una malattia ecc.

L'ESPERTO CONSIGLIA

Tre regole per scegliere bene

- Il **peso** di un attrezzo dice se si tratta di un oggetto in ferro forgiato, affidabile e duraturo, o di un oggetto in latta che si piegherà al primo sforzo sostenuto, diventando inservibile.
- I **manici** che non fanno venire le vesciche alle dita anche dopo un uso prolungato sono quelli in legno di faggio o frassino. Evitare tutti gli altri legni, anche se più leggeri. Il faggio si riconosce perché ha un colore roseo e ha la superficie cosparsa di fini punteggiature, mentre il frassino è molto chiaro e venato, levigatissimo. Le donne o in genere coloro che soffrono di mal di schiena possono scegliere leggeri manici in alluminio per quegli attrezzi che lo prevedono (non la vanga, per esempio).
- Gli attrezzi vanno "indossati" per prova prima dell'acquisto, in modo che siano **"su misura"** per chi li utilizzerà. Le forbici avranno l'impugnatura proporzionata alla mano, i manici lunghi saranno adeguati all'altezza della persona e alle sue braccia ecc.

ALTRI ATTREZZI UTILI

- **Piantatoio o foraterra:** è un piccolo attrezzo manuale appuntito, che serve per fare rapidamente le buchette di impianto per semi grossi che si mettono a dimora a postarelle (tre o quattro semi per ogni buchetta). Trova impiego anche nel trapianto di ortaggi.

- **Sarchiatore o erpicatore manuale:** ha tre denti curvi che, passati sul terreno come una zappetta, rimuovono velocemente le erbacce e arieggiano le zolle tra gli ortaggi.

- **Sgorbia o estirpa asparagi:** è un'asta metallica che termina a coda di rondine. Affondato nella terra questo attrezzo recide gli asparagi ancora teneri e bianchi oppure rimuove radici profonde a fittone.

- **Roncola:** il modello base, di modeste dimensioni, sostituisce con vantaggio un comune coltello quando si raccolgono ortaggi da foglia. Il più interessante è sicuramente il modello di **roncola pieghevole**, che dovrebbe sempre stare a portata di mano, pronta per tutte le evenienze. Potete per esempio utilizzarlafl.-- per tagliare un legaccio per sostenere i pomodori, fare la punta a un bastone, prendere una manciata di rucola, pulire un cavolo prima di portarlo in casa e così via.

GLI ATTREZZI A MOTORE

- **Motozappa:** rende rapido il lavoro di rivoltare la terra in primavera e ad ogni cambio di coltura.
Secondo alcuni, però, può rivelarsi controproducente in alcuni casi, per esempio se viene fatta lavorare nel terreno troppo umido o compatto e argilloso, che tende a rendere ancora più compatto.

- **Trituratore:** azionato elettricamente o con motore a scoppio, ha un sistema di coltelli o di martelli che frantumano, sfilacciano e tritano i rifiuti organici per favorire il compostaggio rapido anche di vegetazione di scarto grossolana e voluminosa, come per esempio steli di mais o zucchini, torsoli di cavoli, vecchi tutori di rami ecc.

GLI ACCESSORI

Dal **contenitore di compostaggio** al **serbatoio per l'acqua**, dal **bidone inceneritore** per distruggere la vegetazione malata sino ad accessori assai poco ingombranti ma altrettanto utili... Anche l'ortolano fa shopping di tanto in tanto, con l'intento di ottimizzare il lavoro e provare soddisfazione sia nei momenti di produzione sia in quelli di raccolto. Alcuni accessori sono effettivamente molto utili, tra questi il **cuscino-inginocchiatoio** in poliuretano per evitare di spezzarsi la schiena lavorando curvi sulla terra.

Tra cesti per raccogliere gli ortaggi, **tutori metallici a spirale** che non richiedono la legatura degli ortaggi, scatole per conservare le sementi, rastrelliere per attrezzi e abbigliamento, guanti, grembiuli con tante tasche, **teli di tessuto non tessuto** e tunnel per proteggere le colture dal freddo notturno, ognuno troverà ciò che gli è più utile per diventare un orticoltore provetto e soddisfatto.

Un terreno ben lavorato e arato garantisce il benessere delle piante.

Progettare l'orto

Il momento più esaltante nella creazione di un orto è quando da un progetto teorico si passa finalmente ai fatti, pregustando il piacere di mettere alla prova la propria voglia di fare e i trucchi di chi è già esperto.

Fare un orto partendo da un terreno incolto è ogni volta un'esperienza diversa. Forma, divisione e contenuto dipendono infatti dal territorio, dalla conformazione dell'appezzamento, dai desideri e dalle esigenze di chi si appresta a coltivare ortaggi.
Diverso poi è l'impegno a strutturare e poi lavorare 100 mq (le dimensioni medio-grandi di un orto in grado di dare raccolti tutto l'anno a una famiglia di 5-6 persone) oppure solo un angolo di giardino non più grande di 5 mq (sufficiente comunque per 5 parcelle di un metro quadrato ognuna che danno tutto l'anno verdura fresca da insalata per due persone). Una volta decisa la **superficie da destinare a orto**, non resta che strutturare lo spazio sulla carta, prevedendo anche i servizi accessori per facilitare il lavoro e moltiplicare le soddisfazioni.

DISEGNARE IL PROGETTO

Si riportano sulla carta millimetrata, in scala, le misure dell'appezzamento, non tralasciando di segnalare sul perimetro la posizione del **cancellino** di accesso. Questo consente di stabilire, partendo proprio da quello principale, il percorso dei **vialetti** tra le parcelle. I vialetti devono essere previsti almeno di 50 cm di larghezza per essere percorribili con la carriola, molto utile per tutti i trasporti pesanti (letame, composto, raccolto di patate ecc.). Se pavimentati con ciottoli, lastre di pietra, assi di legno impregnato, piastrelle di graniglia o altro materiale compatibile, i vialetti daranno poco lavoro, perché non si riempiranno di erbacce.
In quanto alle **parcelle**, possono essere di misure variabili secondo necessità e conformazione del terreno, tenendo conto tuttavia che lo standard è di 2 m di lunghezza e 1 m di larghezza.

L'importanza delle siepi

La progettazione prevede anche come strutturare il perimetro dell'orto. È auspicabile ci sia spazio per una **siepe mista** lasciata crescere libera (larghezza di almeno 1 m, lunghezza da definire), ma in mancanza di spazio si potrà optare per una più modesta **siepe formale** da mantenere bassa e squadrata, realizzata per esempio con Berberis, Cotoneaster, ligustro e con altre specie che, nonostate la potatura, fioriscono e regalano le loro bacche agli uccelli.
La siepe gioca un ruolo importante nell'ecosistema dell'orto: filtra l'inquinamento atmosferico nel caso il terreno si trovi presso una strada o accanto al viale carrabile di accesso alla casa; è una barriera utilissima contro i venti dominanti, a maggior ragione contro quelli freddi che provengono da nord; può sostituire il frutteto, sebbene in forma ridotta, se non si dispone di spazio per realizzarne uno.
Più di tutto, la siepe è richiamo e rifugio per gli uccelli, gli insetti e i piccoli mammiferi che collaborano all'equilibrio ambientale.

I TRUCCHI DEL MESTIERE

Un modo facile di disegnare l'orto

Chi non ha particolare esperienza oppure non ha fantasia sufficiente per inventarsi un orto dal disegno personalizzato, può fare ricorso al più classico dei metodi, che risale al Medioevo: tracciare due linee a croce, corrispondenti ad altrettanti vialetti principali che dividono lo spazio in quattro quadranti pressoché identici.

Ogni quadrante sarà poi diviso a sua volta in parcelle rettangolari o quadrate, mentre al centro si potrà realizzare un'aiuola circolare che, essendo il punto focale della scena, potrà contenere una pianta vistosa (un esemplare di rabarbaro dalle foglie enormi, un albero da frutto ecc.), oppure una vasca con l'acqua e gli attacchi per l'irrigazione o, ancora, un'anfora di bella foggia oppure una panchina.

Come si riporta il disegno sul terreno

Quando si è completato il disegno sulla carta millimetrata e lo si ritiene soddisfacente sia dal punto di vista tecnico sia da quello estetico, si può finalmente diventare operativi e riportare le misure sul terreno. In questa fase servono un metro a nastro e corde da muratore da tendere tra picchetti in legno infissi in terra: prima si delimita il **perimetro** dell'area da adibire a orto, quindi si riquadrano le **parcelle interne**.

Se il terreno ha già avuto una prima vangatura grossolana, è consigliabile non camminarci sopra, ma creare camminamenti con vecchie assi. Si lavora procedendo dalla periferia, cioè dalla zona di confine, verso l'interno, completando a mano a mano le opere lungo queste direttrici.

Così i primi lavori a essere conclusi saranno la posa della recinzione e la piantagione della siepe, l'ultimo una eventuale aiuola che segna il centro dell'appezzamento. A questo punto non resta che occuparsi della terra perché, resa soffice con le lavorazioni profonde e fertile con l'uso di concimi, possa accogliere semi e piantine di ortaggi.

Dislocare i servizi

Durante la fase di progettazione bisogna tenere conto dei servizi indispensabili per la gestione ottimale dell'orto. È già presente una **presa d'acqua** o è necessario eseguire scavi per portare le tubazioni dalla casa? Si può disporre di un magazzino non lontano dall'orto o è preferibile prevedere un **capanno degli attrezzi** sul posto? È il caso di proteggere l'orto, oltre che con la siepe, anche con una **recinzione** che impedisca le incursioni del cane di casa e serva da supporto per gli ortaggi rampicanti? Si intende costruire una **serra** vera e propria con la base in muratura o si pensa di lasciare un **tunnel** sul posto tutto l'anno? In quale posizione? Rispondere a tutti questi quesiti aiuta a mettere a fuoco un'idea personale di orto e ad affrontare da subito l'attività di orticoltore amatoriale nel migliore dei modi. Infine, si possono prevedere accessori come il cassone freddo e il contenitore di compostaggio. Nel disegnare la posizione precisa in cui collocarli, si terrà conto che il cassone, proprio per il suo ruolo di protezione delle colture, va previsto nell'angolo più soleggiato e riparato, mentre il contenitore di compostaggio andrà in ombra nella zona dell'orto meno in vista, eventualmente schermato da un arbusto e accessibile con facilità da un vialetto. Nel tempo, saranno infatti numerose le occasioni in cui si dovranno trasportare dall'orto rifiuti da compostare o prelevare composto da aggiungere alle parcelle dell'orto.

L'ESPERTO CONSIGLIA

La siepe di piccoli frutti

A circondare l'orto, invece della siepe, ci possono essere arbusti che danno frutti e aumentano così i raccolti e il piacere di coltivare. Rustici e facili da far crescere in tutti i terreni sono i **ribes** (rosso, bianco o nero, quest'ultimo adatto solo per sciroppi e dolci), l'**uva spina**, cespugli allo stesso tempo ornamentali con la ricca fioritura e produttivi con i frutti, come la **josta**, la **ciliegia cuccarina** o pruno tomentoso, il **corbezzolo** che è sempreverde e l'**amelanchier**, che invece in autunno assume una magnifica colorazione rossa e arancio.

- Per la coltivazione di altri piccoli frutti squisiti, quali **mirtillo americano**, **lampone** e **rovo da more** senza spine il terreno deve avere pH acido. Si dovrà rinunciare nei terreni fortemente calcarei, mentre si potranno sperimentare in quelli acidi o neutri, con le opportune aggiunte di ammendanti acidificanti (terriccio di foglie di castagno o torba).

DUE PAROLE SULL'ORTO-GIARDINO

Chi non ha spazio per coltivare sia il giardino sia l'orto, oggi ha la possibilità di unire l'uno all'altro, trovando il modo, con una accorta progettazione, di rendere armoniosa la convivenza di fiori e ortaggi, che dovranno accontentare sia la vista sia il palato. Tra i fiori si sceglieranno quelli utili nell'economia dell'orto, perché hanno azione repellente contro i parassiti, come **tagete** e **calendula**, oppure sono utilissimi per arricchire il composto di potassio come la **consolida** (*Symphytum tuberosum*) e quelli che hanno boccioli e petali commestibili: rose rugose (che regalano anche grosse bacche per le marmellate e le tisane), pratoline, violette, nasturzi, primule, glicini, gerani, gelsomini...

Un ruolo importante avranno le **erbe aromatiche**, molte delle quali sono così belle da aver diritto anche a un ruolo ornamentale: capperi da far ricadere dai muretti, bordure intere di erba cipollina dai vistosi fiori rosa carico e borragine dai fiori simili a stelline azzurro cielo, cespugli di salvia officinale a foglie variegate, tappetini di timo odoroso e così via.

In quanto agli ortaggi, la creatività di ognuno saprà come intercalarli ai fiori e valorizzarli per la loro forma o per il loro colore. Ci sono **cavoli verza** squisiti che hanno magnifiche sfumature viola, la **lattuga riccia "Lollo rossa"** risalta nelle parcelle d'estate con il suo colore intenso, i fiori dei **fagioli di Spagna**, rampicanti, sono abbondanti e di un rosso vivacissimo...

Per un orto dal forte impatto decorativo, progettate uno spazio circolare da suddividere poi a spicchi, in cui alternare fiori e coltivazioni orticole.

Preparare e curare l'orto

Elemento fondamentale per avere garantiti gli ottimi risultati di resa e qualità che ci si aspetta dall'orto è il terreno, che deve essere accuratamente preparato prima di procedere alla semina o all'impianto.

Se l'appezzamento da destinare a orto non è mai stato coltivato, è necessario seguire un ordine preciso nelle operazioni.

DALL'INCOLTO AL LETTO DI SEMINA

La prima operazione è ripulire il terreno dai sassi superficiali e rimuovere la **copertura di vegetazione spontanea**, mantenendo però eventuali **siepi naturali** o arbusti sparsi che si prestano a essere trapiantati in filare lungo il perimetro dell'appezzamento. Infatti la siepe è utile all'orto: favorisce l'equilibrio dell'ecosistema, richiama gli insetti impollinatori e svolge una importante funzione frangivento. Dopo questi primi interventi si passa alla fase di preparazione vera e propria del terreno.

La lavorazione di fondo

Con la vanga è necessario **rivoltare le zolle** grossolanamente sino a 25-30 cm di profondità per far affiorare ciottoli, sassi e radici a fittone. Deve essere un lavoro accurato, altrimenti dopo poco tempo si riformano piante infestanti quali la carota selvatica e il tarassaco o soffione, che entrano in competizione con gli ortaggi e possono prendere il sopravvento. In questa fase si lavora tenendo al fianco la zappa, per aiutarsi a sminuzzare le zolle quando serve, e la carriola, nella quale versare tutti i materiali rimossi dal terreno, rifiuti vegetali e inerti. Quanto maggiore è la cura iniziale, tanto minori saranno gli interventi di diserbo e di pulizia durante la coltivazione dell'orto.

Nel corso di questa prima vangatura grossolana si può anche procedere alla somministrazione di **sostanze ammendanti**. Si è notato, per esempio, che le particelle di terra restano attaccate alla vanga? Significa che la terra è argillosa e compatta: l'aggiunta di sabbia e sostanza organica la renderà più leggera e arieggiata. Al contrario la terra è incoerente e "scivola via" dalla vanga? Vuol dire che è molto sabbiosa e, senza un consistente apporto di compost o terriccio torboso, gli ortaggi cresceranno a stento e richiederanno concimazioni e annaffiature frequenti.

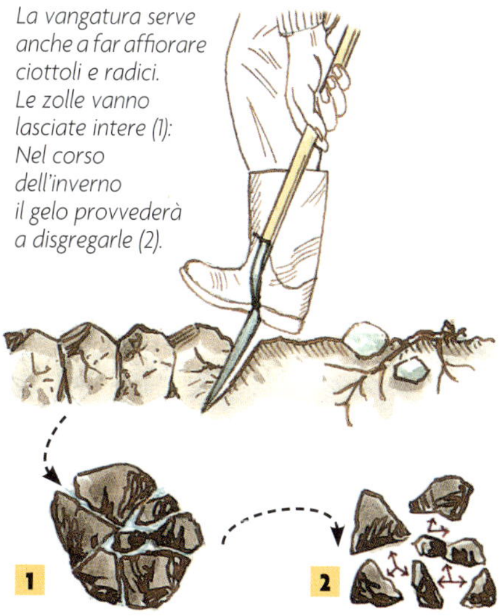

La vangatura serve anche a far affiorare ciottoli e radici. Le zolle vanno lasciate intere (1): Nel corso dell'inverno il gelo provvederà a disgregarle (2).

Si usano ammendanti anche per correggere il pH non adeguato, troppo acido o troppo calcareo, e in seguito si lascia riposare per qualche tempo la terra, senza livellare né sminuzzare le zolle, perché le sostanze aggiunte abbiano tempo e modo di amalgamarsi. L'ideale sarebbe lasciar trascorrere una stagione intera, l'inverno.

La concimazione

Gli ammendanti possono migliorare la struttura della terra, ma non la sua fertilità. Ecco allora che si deve aggiungere sostanza organica, quale letame maturo o composto di ottima qualità, subito assorbibile dalle radici per il nutrimento delle piante e benefico per lo sviluppo di una ricca flora batterica negli strati profondi. È quella che viene chiamata **concimazione di fondo**. Sia il primo apporto dopo il dissodamento del terreno sia le integrazioni successive, una volta all'anno, hanno il fine di formare l'humus indispensabile alla vita delle piante.

Il letame ha però una percentuale bassa di sali minerali, in ogni caso sono più consistenti le tracce di azoto (proveniente dall'urea delle deiezioni animali), mentre per l'equilibrio minerale del terreno sono necessari anche fosforo e potassio. Ecco allora la necessità di aggiungere alla terra queste sostanze sotto forma di fertilizzante granulare o in polvere, preferibilmente in una formula equilibrata, cioè con la stessa percentuale di **azoto**, **fosforo** e **potassio**, per esempio NPK 10-10-10. Seguendo le indicazioni riportate sulla confezione, si pesa una quantità di prodotto adeguata all'estensione del terreno e si distribuisce in modo quanto più possibile uniforme. Molti concimi minerali di nuova generazione contengono anche piccole percentuali di microelementi, utili soprattutto se, dopo l'analisi del terreno, si sono rilevate carenze che potrebbero rallentare lo sviluppo degli ortaggi o limitarne la produzione.

● Quando si pratica una lavorazione del terreno, si agisce su un complesso ecosistema e non

Il terreno deve essere accuratamente preparato aggiungendo sempre i concimi più adatti e, se necessario, le sostanze ammendanti del caso: solo in questo modo potremo aspettarci un raccolto ricco e di ottima qualità.

A FRONTE: *insieme con le classiche piantine da orto, potete anche mettere a dimora qualche esemplare da fiore rustico, come il girasole.*

su una superficie inerte della quale disporre a piacere. Qualsiasi intervento **altera l'habitat** nel quale miliardi di organismi svolgono un ruolo fondamentale per lo sviluppo delle piante e, in ultima analisi, per la vita sulla Terra. Tuttavia, ciò che può essere devastante per l'integrità del terreno se mal gestito, può nella stessa misura rivelarsi utile per migliorare le condizioni dell'ecosistema misterioso e importantissimo nelle profondità del suolo.

Un esempio riguarda la vangatura. Ogni intervento di questo genere distrugge aggregati vitali, ma può rivelarsi molto utile nei terreni particolarmente compatti, freddi e poveri, dove l'ossigeno penetra con difficoltà. Vangando quando il terreno è "in tempra", cioè alla giusta umidità, aggiungendo letame ben maturo ed evitando di agire troppo in profondità, l'orticoltore collabora attivamente ad areggiare la terra e favorisce la penetrazione dell'ossigeno. Se ne avvantaggiano i batteri del terreno aerobici, che cioè hanno bisogno di aria per vivere e moltiplicarsi. Diventati più numerosi, "digeriscono" una maggiore quantità di terra demolendo le sostanze organiche apportate durante la vangatura, con la conseguenza che quel terreno si rivelerà presto molto più fertile e accogliente per le radici delle piante e il raccolto di ortaggi sarà presto più abbondante e di qualità migliore.

Quali attrezzi usare. Si ricorre all'azione della **vanga** per incorporare la sostanza organica nel terreno; per ripulirlo in profondità da radici e sassi; per esporre le zolle di terra troppo compatta all'azione disgregante del gelo. Sarà invece più utile la **forca a badile** per rivoltare velocemente la terra superficiale tra una coltura e l'altra o per dissotterrare le patate. In quanto alla **zappa**, è l'attrezzo più spesso nelle mani dell'orticoltore e, se ben usata, da sola mantiene in ordine le parcelle. Infatti serve per rompere la crosta superficiale e per arieggiare periodicamente tra le file di ortaggi; rimuove le erbacce ai primi stadi di crescita; raccoglie la terra attorno agli ortaggi che gradiscono la rincalzatura (dai pomodori ai cavoli), incorpora i prodotti minerali durante la concimazione di copertura.

La preparazione delle parcelle

Dopo aver rastrellato con cura, si procede alla formazione delle parcelle o **letti di semina**. Tenendo sotto'occhio il disegno predisposto in precedenza, con corde tese tra paletti si traccia il perimetro di tutte le parcelle. Nei terreni pesanti e sempre umidi si baderà ad ammonticchiare in ogni parcella una quantità maggiore di terra, in modo che le colture risultino sopraelevate rispetto al piano di campagna. Al contrario, nei terreni sabbiosi, che asciugano con eccessiva velocità, le parcelle saranno un po' infossate, in modo da impedire la repentina evaporazione dell'acqua piovana e di annaffiatura. Un ultimo colpo di rastrello per livellare le parcelle e rifinire gli stradelli sui quali l'orticoltore si muoverà durante i lavori di coltivazione, ed ecco l'orto pronto a cominciare la sua carriera con le prime semine e i primi trapianti a dimora.

QUANDO L'ORTO È ORMAI AVVIATO

L'efficienza e l'abbondanza dei raccolti sono direttamente proporzionali alla capacità di intervenire a tempo debito per migliorare la struttura del terreno, reintegrarne la fertilità, oltrettutto con l'intento anche di risparmiare risorse e tempo.

La pacciamatura

Questa pratica consiste nel proteggere il terreno attorno alle piante coltivate in vario modo, con lo scopo principale di impedire perdite di umidità. Ma non solo: la pacciamatura soffoca le erbe infestanti e impedisce che, sviluppandosi, entrino in competizione con gli ortaggi per il nutrimento. Inoltre, in caso di forti piogge ostacola il **dilavamento dei sali minerali** disciolti nel terreno, soprattutto dell'azoto nitrico. Infine, se la pacciamatura viene effettuata con materiale organico collabora nel tempo ad arricchire il terreno di sostanza organica.

Il **materiale organico** consigliato per la pacciamatura – paglia, foglie secche, avanzi appassiti di tosatura

Una spessa pacciamatura di paglia distribuita a inizio estate impedisce la dispersione dell'umidità contenuta nel terreno e favorisce la produzione abbondante di ortaggi come fagiolini, cetrioli e patate.

del prato, composto – va distribuito sul terreno in uno strato sufficientemente spesso (15-25 cm) perché svolga il suo ruolo con efficienza. Pratici per alcune applicazioni, ma poco ecologici e ingiustificati in un piccolo orto familiare, sono i teli in polietilene (plastica) o in tessuto non tessuto, entrambi neri. Una valida alternativa a questi prodotti pacciamanti è rappresentata dai fogli di carta di mais neri, che al termine della stagione possono essere vangati nella terra. Purtroppo, però, sono difficili da reperire sul mercato.

La vangatura annuale

Due sono gli strati del suolo che interessano l'attività dell'orticoltore: lo **strato attivo**, il più superficiale, dal quale le radici traggono il nutrimento per la pianta, e lo **strato inerte**, momentaneamente inutilizzato, ma che è possibile far affiorare con la vangatura. Solo lo strato attivo viene regolarmente vangato e concimato a fondo una volta all'anno, a fine inverno; per contro, lo strato inerte sottostante giace in attesa di un rimescolamento. Le scuole di pensiero sullo sfruttamento di questo strato profondo sono due, contrastanti tra loro.

- **Il letto profondo.** La prima scuola dice che all'occorrenza lo strato inerte può sostituire lo strato attivo allorché questo risultasse troppo sfruttato. Una particolare tecnica di coltivazione chiamata "del letto profondo", prevede una vangatura doppia per giungere fino allo strato inerte e una leggera lavorazione del fondo con una forca o con una vanga a rebbi per renderlo più soffice e arieggiato e favorire la penetrazione delle radici, dell'aria e dell'acqua. Secondo alcuni un orto impostato con questa tecnica può fornire produzioni triple rispetto a un orto tradizionale, oltre a mantenere la terra soffice, fertile e ben drenata per parecchi anni.

A copertura delle colture si può disporre uno strato di composto ricco di humus e in grado di assorbire grandi quantità di acqua. La pacciamatura eseguita a fine maggio evita di dover annaffiare tutte le sere nel corso dell'estate.

- **Lasciar fare alla natura.** La seconda scuola di pensiero, che ha come capostipite internazionale l'agronomo giapponese Masanobu Fukuoka, prevede invece la filosofia e la tecnica della **non azione**. "Il terreno lavora e si ara da solo", insegna Fukuoka, "e non c'è bisogno di arare o migliorare un terreno perché la natura sta lavorando per esso con i propri metodi da migliaia di anni". In termini pratici vuol dire che non bisogna intervenire sulla terra: saranno la flora batterica del terreno, le radici profonde e le pratiche agricole minime e rispettose a rendere accogliente il terreno per gli ortaggi.

CONCIMARE LA TERRA

La concimazione chimica si basa sulla teoria della restituzione quantitativa degli elementi nutritivi – principalmente azoto (N), fosforo (P) e potassio (K) – sottratti al terreno dalla coltura.

Questo modo di pensare e agire, che considera il suolo come un substrato inerte, un supporto puro e semplice per le radici delle piante, ha avuto successo fino a quando nei campi è stata presente la fertilità chiamata **forza vecchia**, cioè l'humus accumulato in tanti decenni di letamazioni. Con il passare degli anni, però, senza più apporti organici, l'humus si è consumato, e spesso il suo contenuto nei terreni agrari è sceso al di sotto dell'1%. Quando ci si è accorti che, nonostante l'uso sempre più massiccio di prodotti chimici, il tasso di fertilità del suolo non aumentava, ma che anzi diminuiva, allora si è dovuto ammettere che la concimazione di sintesi senza il tramite della sostanza organica umificata non può migliorare la fertilità del terreno. Insomma: restituire sali minerali serve solo finché l'attività microbica del terreno è vivace, cioè fino a quando l'humus è sufficiente per "digerire" questi sali nutritivi per poi fornirli alle piante in forme ben più complesse. È quindi consigliabile usare i concimi chimici solo nei casi di vero bisogno. Infatti, se al nostro orto non faremo mancare il letame, difficilmente avremo la necessità di ricorrere a questi integratori di sintesi.

LETAME: IL RE DEI CONCIMI

Il letame è un concime di origine organica, ossia è prodotto da organismi viventi. Esso è formato dalle deiezioni solide e liquide di alcuni animali da allevamento mescolate alla lettiera e lasciate fermentare per un periodo più o meno lungo. Ne esistono vari tipi; tra i migliori vi è indubbiamente il letame **equino**, poco acquoso ma, purtroppo, costoso e difficile da trovare sul mercato. Il tradizionale letame bovino, la cui disponibilità è assai più elevata, ha comunque qualità più che sufficienti per garantire una buona concimazione organica.

Altri tipi di letame sono forniti da **ovini**, **conigli**, **polli** e **suini**. Nell'orto si rivela molto utile il letame dei polli o **pollina**, mentre è scadente, perché acquoso e di scarsa qualità, quello suino.

Una buona concimazione letamica deve aggirarsi mediamente attorno ai 3-4 q di letame maturo per ogni 100 mq di superficie orticola. La massa andrà distribuita sulla superficie del terreno in maniera regolare e subito interrata con un accurato lavoro di vangatura. Tale operazione verrà effettuata con anticipo di qualche mese sulla semina degli ortaggi, in modo che il concime possa subire i necessari processi di decomposizione e integrazione al terreno.

Nel caso il letame venga acquistato, deve essere consegnato al massimo un giorno prima dell'uso. Infatti, rimanendo esposto all'aria per troppo tempo, potrebbe perdere una parte dell'azoto ammoniacale, che è molto volatile.

L'importanza della maturazione

Chiunque, disponendo di una piccola concimaia o di un angolo fuori mano in mezz'ombra, può portare a maturazione il letame. Il cumulo andrà tenuto riparato dal sole e dal vento perché la massa in decomposizione non corra il pericolo di asciugarsi, e si troverà lontano dalle abitazioni per evitare gli sgradevoli odori del primo periodo di maturazione, quando il contenuto di ammoniaca è molto alto. Si potrà distribuire il letame nell'orto solo quando sarà sufficientemente maturo, ossia non prima di almeno 5-6 mesi se il compostaggio è avvenuto nel periodo caldo dell'anno, ma anche **dopo un anno** se il ciclo di maturazione è stato avviato in inverno.

Una perfetta stagionatura rende scura, uniforme e leggermente profumata di terra di bosco la massa di letame, nella quale non deve essere più possibile distinguere la paglia della lettiera. Omogenea e untuosa al tatto, deve anche avere la giusta umidità.

La perfetta maturazione contribuisce al degrado delle sostanze nocive contenute nel letame, per esempio prodotti chimici e antibiotici somministrati agli animali nelle stalle, evitando in questo modo di contaminare le colture e danneggiare l'attività dei batteri nella terra dell'orto. Una buona maturazione, inoltre, riduce il pericolo dell'insorgenza di marciumi in alcuni ortaggi particolarmente sensibili e inibisce la germinazione dei semi contenuti nel letame fresco.

I ruoli del letame

Oltre ad apportare sostanza organica, il letame contribuisce alla concimazione minerale con discrete quantità di elementi **fertilizzanti**. In 10 q di letame ci sono in media 5 kg di azoto, 2-3 kg di fosforo e 5 kg di potassio utilizzabili dalle piante. Per quanto non siano sufficienti a garantire il nutrimento delle colture, rappresentano comunque un apporto significativo e gratuito. Il letame non si limita a fornire nel terreno sostanza organica e una enorme carica di **flora microbica**. Svolge anche un ruolo fondamentale nella conservazione delle proprietà fisiche e chimiche del terreno ed è un ottimo **ammendante** che migliora lo scheletro di quelli poco adatti alla coltivazione degli ortaggi. Modifica vantaggiosamente la struttura dei terreni sabbiosi e argillosi e, grazie al suo pH debolmente acido, diminuisce l'alcalinità nei terreni calcarei.

L'ESPERTO CONSIGLIA

La composizione del letame

Quando se ne ha la possibilità, quale letame scegliere? Sarà più ricco di azoto (N) per gli ortaggi da foglia; con una percentuale maggiore di fosforo (P) per gli ortaggi di cui si consumano fiori o semi e più ricco di potassio (K) per gli ortaggi da frutto.

COMPOSIZIONE DEL LETAME

PROVENIENZA	N%	P%	K%
Conigli	2,4	1,4	0,6
Polli	1,1	0,8	0,5
Pecore	0,7	0,3	0,9
Cavalli	0,7	0,3	0,6
Anitre	0,6	1,4	0,5
Bovini	0,6	0,2	0,5
Suini	0,5	0,3	0,5

IL COMPOSTO

Una preziosa alternativa ai concimi chimici e un valido sostituto del letame è il composto, che si ottiene dalla demolizione da parte dei batteri di materiale organico (animale e vegetale).

La tecnica del compostaggio imita il processo che avviene in natura: i diversi residui di origine organica si trasformano in **humus**, cioè in quella sostanza colloidale indispensabile per la fertilità della terra.

Il composto si ottiene facendo decomporre opportunamente uno svariato numero di sostanze (letame, residui di coltivazione e di cucina, foglie, erba tagliata, gusci d'uova, cenere, lana, carta non patinata ecc.), eventualmente con l'aggiunta di terriccio esausto dei vasi e una piccola parte di composto maturo per attivare la carica batterica. Tutte queste sostanze vengono stratificate in un piccolo angolo dell'orto formando un cumulo e poi, rivoltate un paio di volte, annaffiate e ricomposte per favorire il processo fermentativo, fino a ottenere una massa scura omogenea con caratteristiche si-

I TRUCCHI DEL MESTIERE

Un terriccio formidabile

Poiché utilizza materiali di rifiuto, la composizione del composto è casuale, dunque ogni volta sarà diversa. Tuttavia si possono produrre **terricciati guidati** "standardizzati" e specifici per soddisfare diverse esigenze. Ecco due esempi di terricciati adatti per la coltura degli ortaggi:

- 40% di letame maturo + 40% di composto ottenuto da residui vegetali perfettamente decomposti (foglie, fusti, erbacce ecc.) + 20% di terra sciolta o sabbia;
- 30% di letame + 30% di residui vegetali decomposti + 30% di terra sciolta + 10% di torba.

I diversi materiali vanno misurati con una qualsiasi unità di misura di volume, per esempio un secchio. La "ricetta" del primo terricciato sarà allora: 4 secchi di letame, 4 secchi di composto, 2 secchi di terra sabbiosa. Lavorando su un telo impermeabile steso a terra, i diversi componenti vanno rivoltati a lungo per garantire la perfetta miscelazione.

In commercio potete trovare diversi tipi di compostiera: fusto di metallo forato (1); gabbia di rete metallica (2); cassa a listelli di legno (3).

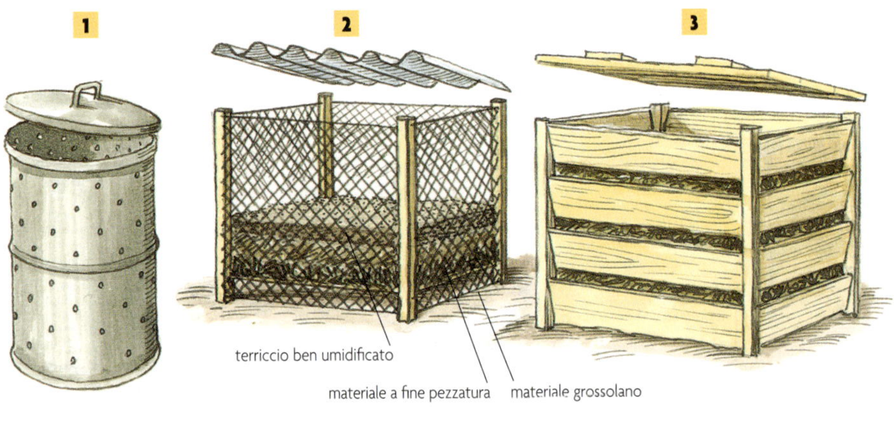

L'ESPERTO CONSIGLIA

Che cosa compostare

Molto adatti per il compostaggio: trucioli e segatura di legno; resti legnosi del taglio della legna e della potatura degli alberi (purché preventivamente sfibrati con il biotrituratore oppure tagliati grossolanamente); impagliatura di sedie; terra dei vasi ormai esausta; avanzi organici di cucina, compresi i fondi di caffè; fiori recisi appassiti; foglie secche; erba sfalciata e poi lasciata appassire due giorni; letame e avanzi della lettiera di animali domestici.

Adatti per il compostaggio ma da usare in quantità limitata: foglie coriacee di sempreverdi quali lauroceraso e magnolia; foglie acidificanti, quali sono quelle di castagno, noce, felce, quercia e gli aghi delle conifere; letame di maiale; gusci di uovo; stracci di cotone, lino, canapa e lana; carta di giornali quotidiani; cenere di legna; tappi di sughero e resti di scope di saggina.

Compostabili, ma poco adatti se si vuole ottenere un composto di qualità, sono invece: ossa di animali; cenere di carbone; bucce di frutta trattata e di agrumi; sacchetti di polvere dell'aspirapolvere; imballaggi di cartone; carta di riviste patinate; avanzi di cibo grasso; pezzi di legno trattato.

mili al letame. La parte sommitale del cumulo verrà protetta con paglia o altro materiale per limitare la dispersione dell'umidità, necessaria perché il processo si svolga nel migliore dei modi. Allorché il composto avrà raggiunto il giusto grado di maturazione – in genere sono necessari da 3 a 6 mesi – verrà conservato in un luogo riparato e utilizzato al momento opportuno per la concimazione organica del terreno. Il compostaggio è un modo intelligente ed ecologico di riutilizzare sostanze che altrimenti andrebbero disperse.

Attenti a carbonio e azoto. Al fine di realizzare bene il compostaggio è utile approfondire taluni aspetti fondamentali di questa tecnica. Innanzitutto batteri, attinomiceti e funghi, ossia i principali artefici della trasformazione delle sostanze organiche in composto, per poter svolgere in maniera positiva le loro funzioni richiedono la presenza di parecchi elementi chimici: carbonio, azoto, fosforo e potassio e, in quantità più ridotte, calcio, manganese, rame, zolfo, boro, ferro, zinco. Più di tutto, importante risulta il rapporto che intercorre tra carbonio (C) e azoto (N). Infatti la condizione di vita dei microrganismi è ideale quando il rapporto si attesta su valori 25-30 C/N, cioè nel composto ci sono da venticinque a trenta parti di carbonio per una di azoto.

Tenendo conto che il cumulo è formato da **materiali diversi e disomogenei**, si comprende come sia necessario individuare quelli che contengono carbonio e quelli che invece contengono azoto, in modo da favorire il giusto rapporto. Le sostanze ricche di carbonio sono amidi, zuccheri e cellulosa, particolarmente abbondanti nella segatura, nei residui della potatura, nel cartone; al contrario ricche di azoto sono le proteine, e perciò le deiezioni degli animali e i resti di cucina contenenti carne, formaggi, uova, salumi ecc.

Se il rapporto è alterato a vantaggio del carbonio, i microrganismi trovano un habitat

Il composto ricco di humus garantisce coltivazioni abbondanti.

sfavorevole e impiegano più tempo a decomporre la sostanza organica. In questo caso il composto è più povero di humus. Se, al contrario, l'azoto è in quantità superiore a 1/25 del carbonio, si forma ammoniaca, con cattivi odori e dispersione di uno degli elementi più importanti per la vita delle piante.

Come procedere. Oltre al rapporto tra carbonio e azoto nelle giuste proporzioni, altri fattori contribuiscono alla formazione di un buon composto. L'aerazione della massa si rende necessaria per consentire la vita dei microrganismi areobici, che per vivere e svolgere la loro attività abbisognano di ossigeno. Il cumulo di compostaggio ben arieggiato si ottiene alternando strati grossolani con altri di particelle più minute e incorporando verticali, al centro della massa, dei tubi di drenaggio forati entro i quali l'aria possa circolare liberamente. In alternativa si possono conficcare verticalmente dei pali di legno, che verranno estratti a cumulo ultimato, creando così dei canali di aerazione artificiali.
L'umidità della massa dovrebbe aggirarsi tra il 40 al 60%. Valori inferiori o superiori impediscono che avvenga normalmente il processo di decomposizione della sostanza organica. Per tale motivo è utile dosare materiali molto acquosi con altri asciutti, oppure si dovrà inumidire il cumulo di compostaggio di tanto in tanto o, al contrario, aggiungere torba o segatura asciutta per assorbire l'umidità in eccesso.
L'attivatore di compostaggio rende più rapido l'avvio del processo poiché inocula la carica batterica iniziale nella massa da com-

I TRUCCHI DEL MESTIERE

Unioni al momento giusto

- L'**erba sfalciata** va unita al cumulo di compostaggio solo dopo averla lasciata appassire all'aria due o tre giorni. In caso contrario marcisce e diventa liquida, rovinando il processo di compostaggio.
- La **temperatura**, misurata al centro del cumulo dopo una settimana dalla formazione dello stesso, è un buon modo per sapere se la fermentazione si è avviata correttamente. Al centro ci devono essere circa 60 °C, qualunque sia la temperatura esterna. Esistono appositi termometri da compostaggio con il bulbo su una lunga asta metallica.
- Con un **setaccio** a maglie medie si può separare il composto pronto dai pezzi che non si sono ancora degradati del tutto, per esempio ossa, frammenti di legno, gusci di noci ecc. Aggiunti a un cumulo nuovo, trasferiscono la carica microbica che serve per avviare il processo.

postare. Invece dell'apposito prodotto in polvere o in fiocchi, che si acquista nei garden center, se si dispone di un pollaio si può efficacemente usare la pollina quale starter naturale, distribuendone una piccola quantità su ogni strato di rifiuti da compostare. Si ottiene così un rapido avvio della fermentazioni, che ha come conseguenza una netta riduzione dei tempi di compostaggio.

Quando usare il composto. Utile nell'ambito della **concimazione di fondo** autunnale o tardo invernale, sia come integrazione del letame sia come sostituto dello stesso, il composto trova applicazione nell'orto anche in altri periodi. Per esempio è buona norma usarlo per la **pacciamatura** sulla superficie del terreno appena dopo il trapianto di ortaggi esigenti per nutrimento e umidità del substrato, quali insalate, sedani, porri, carote e in genere tutti gli ortaggi da foglia. Qualche manciata generosa di composto tornerà poi utile a ogni cambio di coltura per **reintegrare la fertilità** e attivare nelle parcelle la benefica carica batterica.

IL SOVESCIO O CONCIMAZIONE VERDE

Il sovescio è un'antica tecnica di concimazione organica tornata d'attualità per gli effettivi e molteplici vantaggi che offre. In pratica consiste nel coltivare determinate piante che andranno interrate al momento del loro massimo sviluppo allo scopo di arricchire il terreno di sostanza organica e aumentare le riserve idriche nei terreni siccitosi. Il sovescio migliora anche la struttura fisica del terreno e protegge dal dilavamento e dall'erosione gli strati superficiali del suolo grazie alla copertura vegetale tra una coltura e l'altra. In ogni caso l'effetto più rilevante è il miglioramento della fertilità.

Le piante da sovescio. Le piante adatte al sovescio, perché apportano al terreno elementi fertilizzanti e hanno una notevole massa, appartengono principalmente a tre famiglie: leguminose, crocifere e graminacee. Le **leguminose**, oltre alla singolare virtù di lasciare il terreno ricco d'azoto, vantano un elevato numero di specie in grado di adattarsi

La facelia è considerata attualmente la pianta da sovescio più interessante per migliorare tutti i terreni. Ha un ciclo veloce (massimo 90 giorni), arricchisce la terra di humus e respinge le erbacce, che in sua presenza non riescono a svilupparsi. In più è una notevole pianta mellifera, molto ricercata dalle api per la produzione di miele. Unico difetto: va seminata, sfalciata e incorporata alla terra in primavera-estate perché teme il gelo.

PRINCIPALI CARATTERISTICHE DI ALCUNE PIANTE DA SOVESCIO					
NOME DELLA PIANTA	TIPO DI TERRENO	PH	PERIODO DI SEMINA	QUANTITÀ (g/mq)	NOTE
Colza (*Brassica napus*)	leggero, medio impasto	da neutro a poco alc.	autunno o primavera	100	resistente al freddo
Facelia (*Phacelia tanacetifolia*)	molto rustico	da neutro a poco acido	autunno o primavera	20-30	pronto per il sovescio dopo 6-9 settimane
Favetta (*Vicia faba*)	si adatta bene ai terreni sabbiosi, argillosi, calcarei	alcalino	fine inverno (N) o autunno (S)	90-110	pronto per il sovescio dopo 5-8 settimane
Lupinella (*Onobrychis sativa*)	permeabile, asciutto, calcareo	neutro o alcalino	primavera (N) o autunno (S)	90-100	resistente alla siccità
Lupino (*Lupinus albus*)	povero, sciolto	acido	primavera (N) o autunno (S)	100-130	
Lupolina (*Medicago lupolina*)	calcarei, argillosi	neutro-alcalino	primavera (N) o autunno (S)	100-130	molto resistente al freddo
Meliloto (*Melilotus officinalis*)	calcareo	neutro o alcalino	primavera (N) o autunno (S)	80	
Pisello da foraggio (*Pisum sativum*)	molto rustico	neutro-alcalino	primavera (N) o autunno (S)	80-100	pronto per il sovescio dopo 6-8 settimane
Senape (*Senapis alba*)	calcareo, sabbioso	neutro-alcalino	autunno o primavera	30-40	pronto per il sovescio dopo 40-60 giorni
Serradella (*Ornithopus sativum*)	sabbioso	acido	primavera (N) o autunno (S)	40-50	teme il freddo
Trifolium incarnatum	sciolto, asciutto, povero di calcare	acido	primavera (N) o autunno (S)	50-60	resistente al freddo
Trifolium resupinatum	sciolto, poco argilloso	da poco acido ad alc.	primavera (N) o autunno (S)	40-50	resistente al freddo
Veccia (*Vicia villosa*)	da sabbioso, ad argilloso	da poco acido ad alc.	autunno	80-90	poco resistente al freddo
Veccia comune (*Vicia sativa*)	molto rustico	da poco acido ad alc.	primavera (N) o autunno (S)	100-110	teme il freddo
Veccia di pannocchia (*Vicia pannonica*)	argilloso e calcareo	da poco acido ad alcalino	autunno (S)	90-110	pronto per il sovescio dopo 6-8 settimane

ai più diversi tipi di clima e di terreno. Tra le principali leguminose da sovescio ricordiamo il trifoglio incarnato, la veccia, la favetta, il pisello da foraggio, il lupino, la lupinella, la soia.

Le **crocifere** sono particolarmente adatte a essere impiegate allorché la coltura da sovescio deve produrre in un breve tempo una considerevole massa di vegetazione, per esempio per migliorare un terreno troppo "magro" perché sabbioso o rendere più leggero e arieggiato un terreno argilloso. Sono ottime crocifere da sovescio la colza, il ravizzone e la senape.

Le **graminacee** si utilizzano di solito consociate con le leguminose allo scopo di aumentare gli effetti benefici di entrambe le famiglie. Le graminacee, per esempio, proteggono le leguminose dai rigori invernali, mentre queste, che tollerano meglio la siccità estiva, ombreggiano il terreno d'estate impedendo la dispersione dell'umidità che serve alle graminacee. Tra le consociazioni graminacee-leguminose più frequenti ci sono quella tra avena, pisello da foraggio e veccia e quella tra avena e veccia.

Senape (Sinapis alba), *una crocifera*

Avena (Avena sativa), *una graminacea*

Leguminose: una famiglia davvero utile

Le leguminose hanno la la singolare proprietà di arricchire il terreno di azoto. Ciò è dovuto a un particolare gruppo di microrganismi, chiamati azotofissatori simbionti, che vivono attaccati alle radici provocando dei piccoli rigonfiamenti, visibili anche a occhio nudo, detti **tubercoli radicali**.

Questi microrganismi vivono in colonie solo sulle radici delle diverse specie di leguminose e sono riconducibili ai batteri *Bacillus radicicola*. Essi instaurano con la pianta ospite un processo di reciproco scambio (simbiosi): cedono alla leguminosa una parte d'azoto che assorbono dall'aria per il loro nutrimento e ne ricevono in cambio gli idrati di carbonio di cui necessitano per lo svolgimento dei processi vitali. Quando si decompongono nel terreno, liberano azoto di pronto utilizzo per le radici delle piante. Si dice perciò che le leguminose sono in grado di elaborare, utilizzare e fissare l'azoto dell'atmosfera. È per tale motivo che dopo la coltivazione di leguminose il terreno gode di una dotazione d'azoto maggiore che all'inizio del ciclo di coltura. Alla famiglia delle leguminose appartengono migliaia di specie, tra cui fagioli, fagiolini, piselli, fave, ceci e lupini.

Soia (Soja hispida), *una leguminosa*

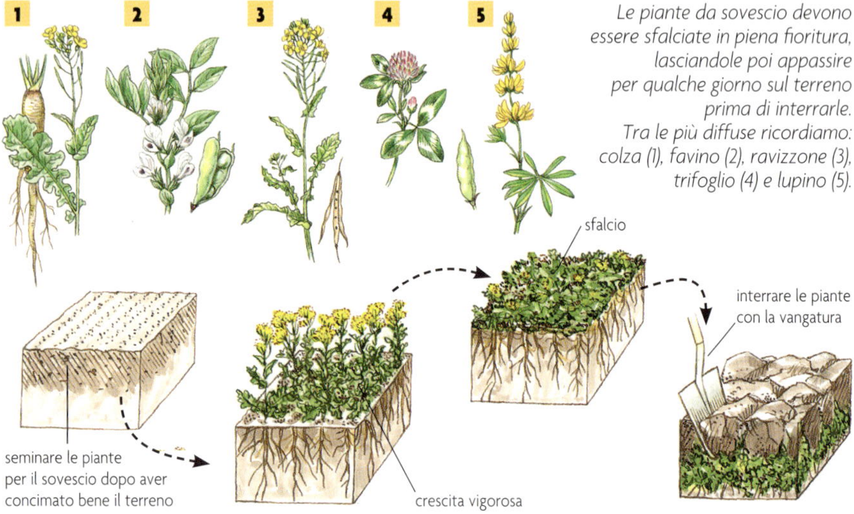

Le piante da sovescio devono essere sfalciate in piena fioritura, lasciandole poi appassire per qualche giorno sul terreno prima di interrarle. Tra le più diffuse ricordiamo: colza (1), favino (2), ravizzone (3), trifoglio (4) e lupino (5).

Quando fare il sovescio

Questa pratica può essere effettuata nell'orto in differenti momenti e per scopi diversi.

Concimazione verde annuale. Per reintegrare la fertilità dell'orto o di un appezzamento incolto da destinare a questo uso. In genere si usano consociate una graminacea e una leguminosa, oppure solo una leguminosa.

Dopo il raccolto di una coltura principale e prima di nuove semine. Se il terreno può rimanere libero per un lungo periodo, è da preferire la consociazione graminacea-leguminosa, altrimenti si può seminare una crocifera a rapido sviluppo.

Prima di una coltura principale. Ha lo scopo di arricchire e preparare il terreno. Il binomio graminacea-leguminosa può risultare ancora una volta valido, mentre si farà ricorso a una crocifera per rendere più rapido il ciclo.

Come procedere. Le colture da sovescio vanno sfalciate allorché hanno raggiunto il massimo sviluppo, in piena **fioritura**. Per le leguminose sarà bene effettuare lo sfalcio qualche giorno prima della completa fioritura, onde impedire che una parte dell'azoto contenuto nei tubercoli radicali venga sfruttato per portare i semi a maturità. Oltre che per l'accumulo massimo di energia, le piante vanno recise in fioritura perché sono ancora tenere e il loro fusto non è ancora diventato legnoso. Se lasciati indurire, infatti, una volta interrati gli steli impiegherebbero parecchio tempo a degradarsi. Dopo lo sfalcio le piante rimangono sul terreno qualche giorno ad appassire e poi vengono interrate con la vangatura. La profondità di **interramento** non deve essere eccessiva, soprattutto nei terreni argillosi, per facilitare il processo di decomposizione. Perché la terra risulti arricchita di humus, soffice e arieggiata, tra lo sfalcio del sovescio e la semina deve trascorrere almeno un mese se è estate, o più tempo nelle altre stagioni.

LA CONCIMAZIONE MINERALE

I fertilizzanti minerali adatti alla concimazione di piante commestibili sono quelli ricavati da minerali naturali ricchi di elementi nutritivi come fosforo, potassio, magnesio e calcio.
Si ottengono in massima parte dalla semplice macinazione, essiccazione o calcificazione di rocce. La solubilità dei prodotti ottenuti è limitata e dipendente dalle caratteristiche del terreno, dall'attività dei microrganismi e dalla capacità di assorbimento delle radici dei diversi ortaggi. D'altra parte la limitata solubilità evita che i sali minerali vengano rapidamente dilavati dalla pioggia o dalle annaffiature frequenti.

Concimi a base di fosforo

Questo elemento favorisce la fioritura, la **fruttificazione** e la **produzione di semi**. In genere i terreni ricchi di humus assicurano alle piante una discreta disponibilità di fosforo, che tuttavia può essere necessario in quantità maggiori.

Per la coltura di ortaggi sono perfetti i terricciati guidati descritti nel box di pag. 30.

Si può allora ricorrere all'impiego di diversi prodotti: fosforiti, scorie Thomas e farina d'ossa, ma una interessante fonte di fosforo è rappresentata anche dalle deiezioni di volatili (polli e piccioni) e dal guano.

- **Fosforiti**: si ottengono per macinazione di rocce fosfatiche, derivate da sedimenti fossili di pesci e invertebrati, accumulate nei fondali marini nelle regioni dell'Africa settentrionale (Marocco, Algeria, Egitto) e degli Stati Uniti (Florida, Tennessee ecc.). A causa della loro scarsissima solubilità le fosforiti devono essere distribuite sotto forma di polvere finissima e utilizzate solo nei terreni caldi, poveri di calcio o neutri. Il loro impiego risulta efficace soprattutto per colture molto avide di calcio come alcune leguminose e crocifere. A seconda della loro origine contengono una quantità di fosforo (o meglio di **anidride fosforica**) variabile dal 25 al 35%.
Come per la maggior parte dei concimi minerali, è consigliabile unire le fosforiti al letame in ragione di circa 1 kg per ogni quintale di sostanza organica. Quando invece si effettua la distribuzione in pieno campo bastano 200-300 g di fosforiti per ogni 10 mq di superficie ad orto.

- **Scorie Thomas:** sottoprodotto dell'industria siderurgica, contengono anidride fosforica nella percentuale del 16-18%. Il nome di questo concime minerale deriva dall'ideatore del processo di defosforazione necessario per aumentare la resistenza dell'acciaio. Il fosforo viene separato dalla ghisa fusa utilizzando calce viva. Per questo le scorie Thomas sono particolarmente ricche di calce (sino al 50% del peso) e vengono impiegate con vantaggio nei terreni acidi o comunque poveri di calcio. Poiché rilasciano il fosforo molto lentamente, debbono essere distribuite nel terreno in inverno, in ogni caso molto prima delle semine. Nella distribuzione in pieno campo si utilizzano 300-500 g ogni 10 mq di orto.

Farina d'ossa: viene ottenuta dalla calcinazione delle ossa raccolte nei mattatoi ed è una fonte di fosforo, ricca anche di calcio, ciò che consiglia l'uso in terreni acidi o neutri. Fertilizzante minerale costoso, contiene il 18-22% di fosforo, oltre a sostanza organica (30%) e a una piccola quantità di azoto (4-5%). Se ne impiegano da 200 a 500 g per 10 mq di superficie.

Concimi a base di potassio

Oltre a favorire lo sviluppo delle radici, dei tuberi e dei frutti, il potassio aumenta la resistenza delle piante al gelo, alla siccità e agli attacchi parassitari.

Vere e proprie carenze di potassio si registrano solo nei terreni molto sabbiosi o torbosi, nella coltivazione dei fruttiferi e di qualche ortaggio particolarmente avido di questo elemento. In tutti gli altri casi a soddisfare il fabbisogno di potassio sono sufficienti le quantità apportate con la distribuzione di composto o letame. Basti pensare che un metro cubo di colaticcio animale contiene circa 15 kg di potassio. Quando occorre un apporto specifico di questo minerale, si può ricorrere alla distribuzione di farina di rocce, patentkali o più semplicemente di cenere di legna.

Farina di rocce silicee: si ottiene frantumando lave e altre rocce di origine vulcanica, come granito, gneiss ecc., ricche oltre che di potassio anche di magnesio, calcio e di numerosi oligoelementi come il silicio, un elemento che aumenta la resistenza delle piante agli attacchi parassitari. Per questo la polvere di rocce, più che un semplice fertilizzante ricco di potassio, può essere considerata un vero e proprio ammendante. Quelle con più elevato contenuto di silicio (granito, porfido ecc.) si utilizzano essenzialmente nei terreni calcarei o neutri; quelle a base di lava, come il basalto, sono invece più adatte ai terreni acidi. In genere sono sufficienti da 500 g a 2 kg di polvere di roccia per concimare 10 mq di orto.

Patentkali: è un solfato di potassio (28%) e di magnesio (9%) di origine naturale, estratto da giacimenti di sedimenti salini, testimonianza di antichi bacini marini oggi occupati da terre emerse. Oltre che di potassio e di magnesio, il patentkali risulta particolarmente ricco di zolfo. Tra i fertilizzanti minerali è il più solubile, e pertanto va usato con cautela per non inquinare la falda acquifera.

Il miglior modo per non disperdere i sali minerali è di unire questo prodotto al cumulo di compostaggio nella misura di 7-8 kg per un metro cubo di materiale organico, non eccedendo con la quantità: dosi maggiori possono ostacolare il processo di compostaggio. In piena terra sono sufficienti 200-400 g per 10 mq di superficie.

Cenere di legna: negli orti famigliari l'apporto di potassio può essere assicurato dalla distribuzione di cenere di legna, il cui contenuto di potassio varia dall'8% del legno di faggio, quercia e betulla, al 30% di quello di ginestra. È bene evitare di spargere la cenere direttamente sulla superficie del terreno, soprattutto se argilloso, perché può provocare trasformazioni negative della struttura stessa della terra. Va invece mescolata con il terreno, distribuita nelle buche o nei solchi di semina. In genere bastano da 500 g a 1 kg per 10 mq di orto.

Concimi a base di magnesio

Questo elemento chimico è importante perché è tra i principali costituenti della clorofilla; inoltre regola numerosi processi del **metabolismo** delle piante.

Particolarmente avidi di magnesio sono gli alberi da frutto e alcuni ortaggi. Solo di rado può essere necessario arricchire il terreno di magnesio, in quanto la maggior parte dei fertilizzanti bilanciati ne contiene discrete quantità: dalle scorie Thomas (2-4% di magnesio) al patentkali (8%), alla farina di rocce silicee (2-8%).

Se necessario, il contenuto di magnesio di un terreno può essere aumentato ricorrendo alla **dolomite**, costituita da carbonato di calcio con il 20% di magnesio, adatta nei terreni acidi o neutri, o alla **kieserite**, un solfato naturale di magnesio, più adatto per i terreni calcarei.

L'ESPERTO CONSIGLIA

Benefica cenere

Si immagazzina facilmente e in poco spazio, non costa nulla, non si degrada, è ricca di **potassio** ma anche di **fosforo** e altri elementi chimici minori, difficili da ottenere da altre fonti naturali. Poiché però teme l'umidità, che tende a cementare la polvere finissima in grossi grumi, la cenere va conservata in bidoni ben chiusi. Avendone sempre un po' a portata di mano, si scopre che nell'orto è utile non solo come concime minerale per gli ortaggi da frutto (i pomodori in particolare), ma anche per spolverare i cavoli attaccati dagli **afidi**, per tendere trappole alle **lumache** (un piattino pieno di cenere sul loro passaggio, coperto da una tegola) e per scoraggiare le razzie dei topolini. In quest'ultimo caso più che la polvere impalpabile della cenere bisognerebbe distribuire nelle gallerie gli avanzi carbonizzati della legna.

La cenere è utile non solo come concime, ma anche per contrastare insetti e parassiti.

Moltiplicare gli ortaggi

Nell'orto, quasi tutte le piante destinate alla tavola si possono ottenere da seme, a poco prezzo e senza troppo lavoro. Affrontare con entusiasmo e competenza l'inizio della coltivazione è la prima regola per ottenere buoni risultati.

La riproduzione delle piante può essere effettuata in due modi:

- **per via agamica**, basata cioè sulla moltiplicazione di una porzione di pianta in grado di emettere radici;
- **per via gamica**, cioè riproducendo le piante da seme.

La maggior parte degli ortaggi viene moltiplicata da seme, come i fiori annuali e in generale tutte le piante a ciclo breve; la propagazione per via agamica è invece praticata per ottenere nuove piante della stessa varietà di alberi da frutto, arbusti ed erbacee perenni ornamentali, erbe aromatiche suffruticose, cioè con base legnosa ecc.

RIPRODUZIONE VEGETATIVA

La **riproduzione agamica** avviene per talea, pollone radicale, propaggine e stolone. Va detto che di rado queste tecniche trovano impiego nell'orto, tuttavia conoscerle consente all'occorrenza di servirsene a ragion veduta, per esempio per ottenere una nuova pianta di rosmarino da un rametto di una varietà dal profumo speciale o produrre le piantine di fragola che servono per riempire un'intera parcella.

La **talea** consiste nel far radicare una parte di pianta (foglia, fusto, radice, più spesso una porzione di ramo), perché dia origine a un nuovo esemplare. Non tutte le piante hanno l'attitudine ad attecchire da una piccola porzione, e infatti la maggior parte degli ortaggi, che sono piante erbacee a ciclo annuale o biennale, non possono essere riprodotti in questo modo.

Il pollone radicale utilizza i germogli, provvisti di radici proprie, che si formano attorno alla pianta madre, per esempio di carciofo e di cardo. Separati al momento giusto, i polloni danno origine facilmente a nuovi individui con le stesse caratteristiche della pianta da cui sono stati prelevati.

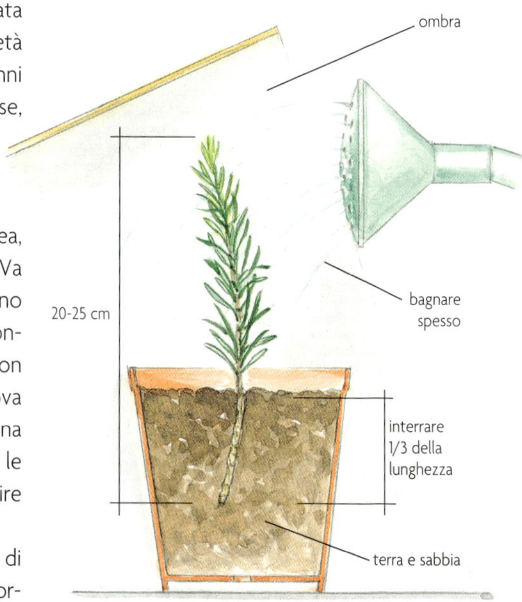

La talea di rosmarino deve essere piantata subito dopo averla ricavata. Fondamentale è anche garantirle un'irrigazione frequente.

I TRUCCHI DEL MESTIERE

Cinque regole per scegliere bene i semi

1. Soprattutto se si è alle prime armi, **consultare i cataloghi** di sementi (anche di vendita per corrispondenza e su internet) e leggere con attenzione tutte le specifiche degli ortaggi. Quanto meno, prima di acquistare si impara a interrogarsi su che cosa si vuole produrre e si capiscono le problematiche orticole.

2. Nei primi anni **fare esperienza** con molte varietà di ogni ortaggio, in modo da stabilire quali danno i migliori risultati nel clima e nel terreno specifici. In primavera, per esempio, seminare cinque o sei tipi di lattuga e registrare sul quaderno di campagna i risultati ottenuti.

3. Non seminare mai solo una varietà dello stesso ortaggio: meglio dimezzare la quantità di piantine di ognuna, ma **raddoppiare le varietà**, per esempio di pomodoro, pisello, spinacio e patata, che hanno comportamento spesso molto diverso tra varietà e varietà. Questo perché, in caso di andamento stagionale sfavorevole o errori di coltivazione, si riesce a mantenere in produzione almeno le piantine di un tipo.

4. Intervistare i vecchi orticoltori del posto. La loro esperienza può essere molto utile per convincersi che le varietà di ortaggi tradizionalmente coltivate in un territorio sono anche quelle che in genere danno i risultati migliori.

5. Essere curiosi. Provare a turno le sementi degli ortaggi che non si conoscono perché provenienti da altre parti del mondo: cavolo cinese, okra, patate nere andine, melanzane rosse tailandesi, meloni del Kenya ecc. Pur riservando solo piccole parcelle agli "esperimenti", si possono fare scoperte orticole interessanti e arricchire la tavola di sapori e di... argomenti di conversazione.

La propaggine è un giovane ramo – ancora attaccato alla pianta madre – che ha l'attitudine a emettere radici se opportunamente preparato. Ripiegato e fissato con una forcella o un sasso perché tocchi la terra almeno in un punto, dopo un certo tempo il ramo tende a produrre radici nei punti di contatto con il terreno. Può allora essere separato e trattato come esemplare a sé stante.

Lo **stolone** è un fusto strisciante che, a contatto con il terreno, emette radici originando germogli che sarà sufficiente dividere come nuove pianticelle. Con questo metodo si riproducono, per esempio, le fragole.

RIPRODUZIONE DA SEME

Trasportati dal vento, dagli animali o per semplice caduta, in natura i semi si insediano nella terra e, in condizioni adatte, schiudono il tegumento protettivo e danno origine a nuove piante. Nell'orto non ci si può affidare ai capricci del caso, dunque è necessario procurare i semi delle piante che ci interessano.

Si possono **produrre in proprio** le sementi da un anno all'altro, purché si sia coscienti che le piantine nuove potranno avere caratteristiche anche molto diverse da quelle che hanno prodotto i semi. Se per esempio si coltivano due o tre varietà di zucca (compreso lo zucchino che

Per seminare in una cassetta-semenzaio, mettete sul fondo uno strato di ghiaia che assicuri un corretto drenaggio e coprite con terriccio adatto (1). Distribuite quindi i semi radi e uniformi, mescolandoli a sabbia se sono molto piccoli (2). Dopo aver coperto con un sottile strato di terriccio, comprimete la superficie per migliorare l'aderenza dei semi al substrato (3), quindi annaffiate con molta delicatezza per evitare di scalzare il terriccio.

è una zucca da raccogliere immatura) si possono conservare i grossi semi per l'anno successivo. Con sorpresa, si scoprirà che le piante nate da quei semi possono dare frutti in un'infinità di forme, colori, sapori, comunque diversi dalle aspettative e dai "genitori". Ecco perché quasi sempre si ricorrere ai semi acquistati. Nelle bustine ci sono **sementi selezionate** di varietà stabilite, sicché l'ortolano può scegliere, per esempio, lattughe precoci e tardive per avere raccolti in epoche diverse e con diverso clima.

Scegliere le sementi

In commercio si trovano ormai sementi di ogni genere, per lo più tutte di qualità garantita, in quanto per legge devono rispondere a standard di selezione varietale, germinabilità, assenza di semi di infestanti, salubrità, buona conservazione. Tuttavia, per scrupolo, prima dell'acquisto bisogna almeno controllare sulla bustina la data di chiusura della campagna di imbustamento: i semi di cipolla rimangono vitali solo per 2 anni e al terzo anno quelli ancora in grado di germinare sono circa la metà. Al contrario, i semi di cicoria durano anche 8 anni se chiusi nelle bustine termosaldate; dunque i semi di una bustina in svendita, perché confezionata 6 o 7 anni prima, con buona approssimazione nasceranno tutti. Conviene acquistare ogni anno **sementi fresche**, dando la preferenza a confezioni di pochi grammi da usare subito.

Il semenzaio

Il semenzaio è il luogo dedicato alla germinazione dei semi e alla coltivazione delle plantule nei primi stadi di crescita, sino al momento in cui potranno essere ripicchettate. Può essere realizzato con diverse modalità e in luoghi diversi dall'orto.

● **La seminiera.** È un semplice vassoio in plastica o terracotta, oppure una cassetta di legno o polistirolo, che va dislocata in una posizione riparata e lontana dalle correnti d'aria, in casa o sotto il tunnel nell'orto. Serve per far nascere le piantine di quegli ortaggi che per germinare necessitano di temperatura alta, e di tempi lunghi per svilupparsi e diventare produttivi. Esempio tipico è quello del pomodoro: i suoi semi richiedono almeno 18 °C per germinare e le piantine impiegano sino a quattro mesi (molto dipende dalla varietà) per portare a maturità i primi frutti. Pertanto è ovvio che le semine vanno avviate sin da fine gennaio, quando la temperatura all'aperto, nell'orto, è decisamente inferiore a quella necessaria.

● **Il cassone.** Durante la buona stagione si semina invece nella zona dell'orto dedicata a semenzaio, possibilmente contro un muro o al riparo di una siepe, in una parcella sollevata da terra 20-30 cm (per impedire l'accesso alle lumache e favorire il drenaggio dell'acqua). Così conformato, si chiama **cassone freddo**, oppure **cassone caldo** se in profondità, sotto lo strato di terriccio, viene fatto fermentare del letame fresco che libera calore. Il cassone conterrà un terriccio setacciato fine, misto a sabbia di fiume lavata; sarà richiudibile, tramite un coperchio vetrato, nelle giornate di cattivo tempo, nelle mezze stagioni o di notte quando si temono bruschi sbalzi di temperatura.
Benché molti ortaggi rustici possano essere seminati direttamente a dimora, nella parcella che occuperanno per tutto il ciclo di coltura, in molti casi è utile fare ricorso al semenzaio, per esempio se i semi sono talmente piccoli da renderne difficile la distribuzione uniforme sul terreno. Quando le piantine saranno abbastanza sviluppate da poter essere maneggiate, subiranno il trapianto a dimora alla giusta distanza.
Con il semenzaio è inoltre possibile **prolungare l'epoca di semina**, anticipandola di oltre un mese in primavera e posticipandola di altrettanto in autunno.
Sia nel semenzaio al coperto sia in quello nell'orto è d'obbligo mantenere un'igiene scrupolosa per evitare attacchi di crittogame (funghi micriscopici) responsabili dei marciumi dei semenzali. Non devono stazionare residui di piante o foglie secche, le annaffiature saranno

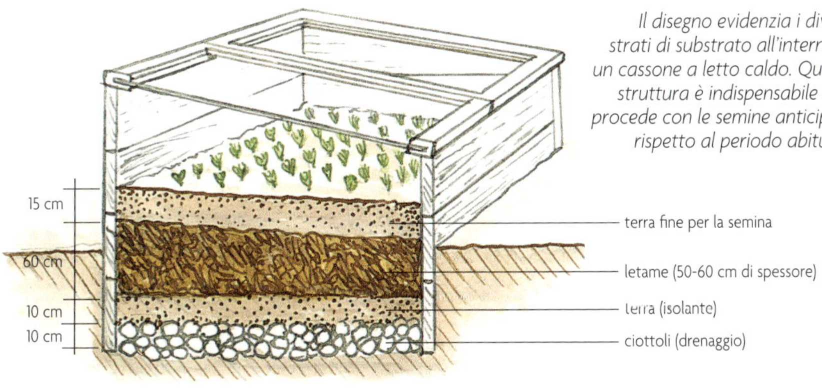

Il disegno evidenzia i diversi strati di substrato all'interno di un cassone a letto caldo. Questa struttura è indispensabile se si procede con le semine anticipate rispetto al periodo abituale.

sempre moderate e accompagnate da un buon ricambio d'aria e il terriccio di semina sarà di provenienza sicura (sacchi sigillati) oppure verrà sterilizzato in una vecchia pentola a pressione e sostituito a ogni nuovo ciclo di coltura.

I diversi tipi di semina

A seconda del tipo di ortaggio, la semina può essere eseguita:

- **a spaglio**, spargendo la semente a mano sul terreno, in maniera irregolare ma uniforme;
- **a righe** o **file**, distribuendo regolarmente i semi lungo file parallele ed equidistanti;
- **a postarella**, disponendo in buchette i semi piuttosto grossi, a gruppi di 3-4.

Nel caso della semina a spaglio, in presenza di semi molto piccoli (rapa, rucola, basilico ecc.) si provvede a mescolarli con un po' di sabbia fine che facilita l'uniformità di distribuzione.

Dopo aver ricoperto la superficie seminata con un leggero strato di terra, si provvede a rullare in modo che la semente aderisca perfettamente al terreno e sia così facilitata la germinazione. Nei giorni successivi alla semina non ci sarà altro da fare che mantenere umido il terreno.

La germinazione non avviene nello stesso tempo per tutti gli ortaggi. La durata di "**incubazione" dei semi** dipende dalla temperatura dell'aria, dall'umidità del terreno, dalla fase lunare e da altri fattori ancora, compreso "l'orologio" proprio di ogni specie. Per esempio, a parita di temperatura, umidità ecc. i semi di rucola impiegano 4 giorni a germogliare e quelli del prezzemolo anche un mese.

La germinazione non è poi contemporanea per tutti i semi: anche tra i semi di una stessa bustina alcuni germinano prima, altri dopo, talvolta a distanza di parecchi giorni. In ogni caso non appena spuntano le prime plantule bisogna rimuovere l'eventuale protezione ed esporre le piantine alla luce, abituandole gradualmente al sole diretto.

In questa prima fase sono possibili attacchi di funghi specifici dei semenzali, perciò vanno curate le annaffiature, moderate, e l'arieggiatura del locale di semina: assicurare una buona circolazione dell'aria è la miglior prevenzione contro marciumi come quello, frequente, del colletto. Solo in caso di attacchi gravi che possono dilagare ad altre colture si potrà fare ricorso ad un **trattamento anticrittogamico** a base di rame.

Esempi di semina a righe...

... e a spaglio.

Il diradamento

Soprattutto nel caso sia stata eseguita la semina a spaglio, è facile che le nuove piantine, sviluppandosi, si infittiscano troppo. E d'altra parte quelle germinate a postarelle, cioè nella stessa buchetta, sono in competizione per il nutrimento disciolto nel terreno. Insomma, quando le piantine hanno emesso due foglie vere (le prime che spuntano sono cotiledoni, cioè foglie modificate che fungono da riserva per l'embrione) è opportuno provvedere a un **primo diradamento** che consenta lo sviluppo ottimale a quelle conservate. Il lavoro va eseguito con una pinzetta, rimuovendo gli esemplari più deboli o quelli che non rispettano le distanze minime tra pianta e pianta. In qualche caso questo materiale vivo può essere salvato e trapiantato altrove per aumentare la dotazione di ortaggi. Per esempio si può fare con i semenzali di lattughe, cicorie, prezzemolo, cavoli, pomodori e peperoni.

Un **secondo diradamento** andrà eseguito all'occorrenza, quando le plantule avranno quattro foglioline.

La ripicchettatura

Questa operazione consente di selezionare le piantine migliori da allevare e di irrobustirle grazie al trasferimento in un terriccio un po' più fertile di quello di semina. Le radici sono così stimolate a espandersi e a ramificarsi, aumentando la loro capacità di assorbire nutrimento. Non tutti gli ortaggi gradiscono la ripicchettatura e sanno farne tesoro. Per esempio, non l'accettano gli **ortaggi da radice** (carota, rapa, scorzobianca ecc.) ed è inutile per gli **ortaggi a ciclo breve o da taglio** come ravanello, rucola, lattughino, bietole, cicorie da foglia. Invece ne traggono vantaggio più di tutti gli **ortaggi da**

1

2

3

Il diradamento è un'operazione spesso necessaria, soprattutto se si è seminato a spaglio. Talvolta infatti le piantine germogliate si infittiscono troppo all'interno del contenitore di semina (1). In questo caso, sarà opportuno diradarle (2) per consentire loro un adeguato sviluppo (3).

L'ESPERTO CONSIGLIA

Come effettuare la ripicchettatura

Si prepara un terriccio leggero, mescolando sabbia, torba e terra da giardino in parti uguali e setacciandolo perché non abbia grumi. Dopo averlo usato per riempire per due terzi vasetti di vivaio o gli appositi alveoli, si trapiantano a una a una le pianticelle prelevate dalla cassetta-semenzaio. Si può facilitare il lavoro in diversi modi. Se per esempio qualche ora prima del trapianto si annaffiano le piantine, sarà più semplice estrarre le radici senza spezzarle.

Un bastoncino aiuta a sollevare ogni volta una piccola zolla di terra con un gruppo di piantine. Queste vanno poi separate, meglio lasciando un po' di composto di semina attorno alle fragili radici. Ci si aiuta con il bastoncino per creare l'alloggiamento nella terra e all'interno della buchetta si calano le radici, ben distese, facendo in modo che il colletto (cioè la zona di passaggio tra il fusticino e le radici) venga a trovarsi sulla superficie del terriccio. Infine si comprime leggermente la terra per farla aderire alle radici e si annaffia a pioggia fine.

Le piantine ripicchettate andranno conservate in un locale con temperatura tra 15 °C e 20 °C (comunque mai inferiore a 6-8 °C), avendo cura di evitare per i primi 2-3 giorni la luce diretta del sole.

Il trasferimento delle piantine dal semenzaio ai contenitori deve essere effettuato con precisione ed estrema delicatezza (1).

Inserite le talee in piccoli contenitori di terriccio e comprimete leggermente (2). Annaffiate lentamente a pioggia fine (3).

foglia a ciclo lungo, a partire dai cavoli e dai radicchi. In quanto agli **ortaggi da bulbo** (cipolla, scalogno, aglio, porro), la ripicchettatura è molto utile solo nel caso si faccia partire la coltivazione da seme e non dai bulbilli.

Contenitori, vasetti, attrezzi devono essere pulitissimi per evitare il diffondersi di pericolose muffe che possono attaccare le piantine soprattutto subito dopo il trapianto, quando sono più deboli. Si evitano infestazioni osservando una scrupolosa pulizia, garantendo un regolare ricambio d'aria attorno alle piantine, eliminando foglie e steli non appena appassiscono e partendo sempre da contenitori disinfettati (lavaggio con acqua calda e sapone di Marsiglia e immersione per qualche minuto in acqua e candeggina).

Quando le piantine si sono riprese dal trapianto, vanno abituate alla loro futura vita all'aperto nelle parcelle dell'orto. Esposte gradualmente a temperatura ambiente, ma ancora protette dal sole diretto, diventano più robuste perché imparano le regole dell'**adattamento** che consentirà loro di vivere con condizioni ambientali diverse da quelle di origine. Basta pensare al pomodoro, originario dell'America tropicale, che pure dà raccolti abbondanti anche negli orti dei climi meno caldi, come quelli dell'Europa meridionale. Se le piantine vengono conservate nel cassone freddo, è più facile dosare le ore di aria e l'illuminazione, aprendo e chiudendo il coperchio vetrato. La somministrazione di piccole dosi di **concime liquido** diluito una volta alla settimana nell'acqua di annaffiatura favorirà ulteriormente lo sviluppo vigoroso delle piantine.

LA PIANTAGIONE DEFINITIVA

Un metodo per capire se è ora di fare la piantagione è di svasare con cautela una piantina, rovesciandola nel palmo della mano e osservando se le radici hanno occupato tutto lo spazio a disposizione. In questo caso è consigliabile procedere alla piantagione, purché ci siano le condizioni climatiche favorevoli. La parcella dell'orto destinata a ospitare le piantine va preparata in anticipo e livellata con il rastrello, mentre le piantine vanno annaffiate abbondantemente, perché sia facile estrarle dal vasetto in cui sono state allevate. In genere si devono **conservare integre le radici**, da interrare con il loro pane di terra. Tuttavia alcuni ortaggi che tendono a produrre una sola radice a fittone (in particolare cicorie e radicchi) apprezzano la **rimpiolatura**, ossia l'asportazione dell'apice della radice centrale allo scopo di favorire l'emissione di nuove radici laterali.

Se si rispettano le esigenze di terreno e la distanza ottimale d'impianto di ogni singola specie e si dotano subito di tutore le piante destinate a diventare alte (pomodoro, fagiolo ecc.), la "carriera" delle nuove piante nell'orto ha inizio. Bisognerà essere solo un po' apprensivi i primi giorni, badando che la terra non asciughi.

Pelargoni o piccoli arbusti di rosa sono perfetti da accostare alle coltivazioni orticole per creare una macchia di colore.

CALENDARIO DELLE SEMINE IN SEMENZAIO

	GEN	FEB	MAR	APR	MAG	GIU	LUG	AGO	SET	OTT	NOV	DIC
Anguria	protetto	protetto	protetto									
Asparago			aperto									
Bietola		protetto	protetto	aperto	aperto	aperto	aperto					
Broccolo	protetto	protetto	aperto	aperto	aperto	aperto	aperto	aperto				
Cavolo di Bruxelles					aperto	aperto						
Cavolfiore		protetto	protetto	aperto	aperto	aperto	aperto	aperto				
Cavolo cappuccio		protetto	protetto	aperto	aperto	aperto	aperto	aperto	aperto/protetto	protetto	protetto	protetto
Cavolo cinese						aperto	aperto					
Cavolo verza	protetto	protetto										
Cetriolo		protetto	protetto									
Cicoria da taglio		protetto	protetto									
Cicoria da cespo				aperto								
Cipolla	aperto	aperto	protetto					aperto	aperto	aperto		
Finocchio		protetto					aperto	aperto	aperto		protetto	
Indivia		protetto	protetto/aperto	aperto			aperto	aperto	aperto			
Lattuga	protetto	protetto							aperto			
Melanzana	protetto	protetto	protetto	protetto								
Melone		protetto	protetto									
Peperone		protetto	protetto	protetto								
Pomodoro	protetto	protetto	aperto	aperto								protetto
Porro	protetto		aperto	aperto	aperto	aperto			aperto			protetto
Rapa		protetto										
Sedano	protetto	protetto	protetto	aperto								
Zucchina			protetto	aperto								

Legenda della tabella SOPRA:

(marrone) *semina in semenzaio protetto*

(verde) *semina in semenzaio all'aperto*

Legenda della tabella A FRONTE:

(marrone) *semina in campo con copertura di protezione*

(verde) *semina in pieno campo*

CALENDARIO DELLE SEMINE A DIMORA

	GEN	FEB	MAR	APR	MAG	GIU	LUG	AGO	AGO	OTT	NOV	DIC
Aglio	●	●									●	●
Anguria				●	●							
Barbabietola		●	●	●	●	●	●					
Carota	●	●	●	●	●	●	●					
Cavolo cinese						●	●					
Cavolo verza			●	●	●	●	●	●	●	●		
Cetriolo				●	●							
Cicoria da taglio		○	○	●	●	●	●	●	●	●	○	○
Cicoria da cespo				○	○	○	○	○				
Cipolla		●	●						●	●		
Fagiolino			●	●	●	●	●	●				
Fagiolo				●	●	●						
Fava		●	●								●	
Finocchio	●	●	●				●	●	●	●		
Indivia				●	●	●	●	●	●	●		
Lattuga			●	●	●	●	●	●	●	●		●
Melanzana			○	●								
Melone				●	●							
Patata		●	●	●	●	●	●		●	●	●	●
Pisello		●	●	●	●							
Pomodoro				●	●							
Porro			●	●	●	●	●					
Prezzemolo		●	●	●	●							
Rapa		●	●	●				●	●	●		
Ravanello	○	○	●	●	●	●		●	●	●	●	○
Spinacio		●	●					●	●	●		
Valeriana		○							●	●	●	
Zucca			●	●	●							
Zucchina				●	●	●	●	●				

Quando l'orto si ammala

Nel segreto della terra e sulla sua superficie è tutto un brulicare di organismi animali e vegetali che vivono a scapito di altri, entrando nella catena alimentare e collaborando a mantenere l'equilibrio ambientale. Ma una lumaca che per nutrirsi attacca una pianta di lattuga coltivata per settimane con apprensione, fa gridare allo scandalo. La lezione è che nell'orto bisogna imparare a convivere con "inquilini" naturali che hanno più diritti dell'ortolano, facendo in modo però che non vanifichino il suo lavoro.

Le avversità possono essere di origine animale o vegetale, e a esse si aggiungono quelle provocate da organismi che non appartengono né all'uno né all'altro regno naturale, cioè batteri e virus.

Bruco di cavolaia

I PRINCIPALI PARASSITI ANIMALI

Possono avere dimensioni minuscole, come gli afidi o pidocchi delle piante, e nell'orto fare danni come un elefante... La prima regola per tenere a bada le avversità legate al passaggio di animali grandi e piccoli, è accettare che esistano e imparare a bloccare la loro possibilità di far danni.

- **Insetti.** Numerosi allo stadio di larva o di adulti si cibano di piante o della loro linfa servendosi di un potente apparato boccale masticatore o succhiatore. Appartengono in massima parte all'ordine dei coleotteri, come l'**altica** che fora le foglie delle crocifere, la **dorifora** che parassitizza la patata e l'**oziorrinco** che, in forma di larva, rode le radici sino a portare a morte la pianta. Ma provocano danni anche ortotteri come le **cavallette** e i **grillotalpa**, tisanotteri come i **tripidi** ed emitteri come le **cocciniglie** e gli **afidi**. Questi ultimi sono forse i più temibili ospiti dell'orto perché passano inosservati mentre succhiano la linfa e debilitano le piante colpite. Quanto alle **farfalle** (lepidotteri), allo stadio adulto sono un magnifico e assolutamente inoffensivo ornamento dell'orto, non così allo stadio di bruco. Farfalle come la **cavolaia** (così chiamata perché i bruchi si cibano solo di foglie di cavoli) depongono le uova sulla pagina inferiore delle foglie e da queste si schiudono voracissimi bruchi che arrecano danno a specifiche colture.

- **Molluschi.** Le **lumache** (con la conchiglia) e le **limacce** (che ne sono prive) sono ospiti pressoché obbligate dell'orto, più spesso nelle mezze stagioni e con tempo umido. Rodono le foglie e debilitano le piante attaccate, favorendo l'insediamento di funghi, batteri e virus.

- **Piccoli mammiferi.** Roditori come le **arvicole** e i **topolini di campagna** frequentano volentieri gli orti a caccia soprattutto di radici, semi e bacche. La **talpa** invece viene attirata dai lombrichi, più frequenti nei terreni ricchi di humus e ben concimati.

LE MALATTIE FUNGINE O CRITTOGAMICHE

Sono provocate da funghi microscopici che si insediano su piante di cui sono parassiti specifici (per esempio l'oidio delle cucurbitacee, l'antracnosi del fagiolo, la ruggine della fava, la peronospora del pomodoro ecc.). Compaiono invariabilmente con determinate condizioni climatiche favorevoli all'uno o all'altro fungo: molto caldo e asciutto (oidio), caldo e umido (ruggine), freddo e umido (muffa grigia), asciutto con assenza di circolazione di aria (septoriosi) ecc. Poiché il riconoscimento richiede competenze specialistiche, all'orticoltore non resta che prendere atto dell'attacco fungino, della prevenzione che avrebbe dovuto fare e non ha fatto e correre ai ripari sinché l'avversità non è ancora dilagata. D'altra parte i prodotti curativi utilizzabili in un orto famigliare sono solo due – lo **zolfo** e il **rame** nella formulazione chiamata poltiglia bordolese – entrambi a bassa tossicità e consentiti in agricoltura biologica. Ma in qualche caso l'orticoltore dovrà coscienziosamente valutare l'opportunità di distruggere la coltura infetta per impedire che la malattia crittogamica dilaghi altrove ed evitare nell'orto trattamenti con prodotti chimici, per quanto a bassa tossicità.

I TRUCCHI DEL MESTIERE

Come individuare il "nemico"

- Foglie **forate in modo casuale** a partire dai margini, o è rimasta solo la nervatura centrale: da qualche parte lì attorno ci sono bruchi di farfalla.
- Foglie con **fori circolari**: sono passati adulti e larve di insetti coleotteri.
- **Fori circolari** lungo i margini: di notte sono in azione gli oziorrinchi.
- Foglie più esterne e tenere sono **rosicchiate disordinatamente** e attorno alle piante ci sono scie traslucide: lumache e limacce hanno pasteggiato lì attorno.
- **I germogli sono accartocciati**, l'apice delle piantine è ruotato a spirale e le foglie giovani appaiono arrossate: è in atto un attacco di afidi.
- Alcune foglie hanno **macchie chiare** che, viste con la lente, risultano formate da un gran numero di puntini bianchi: è in atto un'infestazione di mosca bianca, che si nutre succhiando la linfa delle foglie.
- Le foglie si presentano **decolorate** a causa di piccolissime punture e/o bollose e i germogli sono deformati: è in atto un'infestazione di ragnetto rosso.

LA DIFESA PREVENTIVA

Si dice che è meglio prevenire che curare, e il modo di dire calza a pennello alla difesa degli ortaggi dalle avversità, sia animali sia fungine. La migliore prevenzione è cercare di rispettare anche nell'orto l'**equilibrio dell'ecosistema**.
Si avrà cura di preservare **siepi naturali** e **alberi** che circondano l'orto perché possano accogliere tutti quegli animali (insetti, rettili, uccelli ecc.) che sono **predatori naturali** dei nemici delle colture e svolgono su questi una positiva azione di controllo. Per esempio, nell'orto vanno favorite le **coccinelle** e le **forbicine**, piccoli insetti di enorme utilità, in quanto ci cibano con voracità, sia allo stadio di larva sia da adulti, di afidi e delle loro uova.

Le concimazioni ridotte giocano a favore della salubrità delle colture. L'uso massivo di letame e fertilizzanti minerali espone le piante a parassiti di ogni genere. Per esempio, molto azoto vuol dire quasi sempre molti afidi e maggiore esposizione alle malattie crittogamiche in caso di temperatura e umidità alte.

Le pratiche orticole corrette rendono meno attaccabili gli ortaggi: scelta di **varietà rustiche** o **virus-esenti**; rispetto delle distanze per consentire la circolazione dell'aria tra le foglie; annaffiature senza bagnare la vegetazione; frequenti sarchiature della terra perché l'ossigeno possa penetrare in profondità; distruzione delle foglie morte e dei frutti ammalati sono le regole principali perché gli ortaggi crescano sani e resistenti alle malattie.

Infine la pratica delle **rotazioni** e delle **consociazioni** annulla la sopravvivenza di alcuni parassiti specifici.

LA ROTAZIONE DELLE COLTURE

Coltivare per più anni i medesimi ortaggi nella stessa parcella porta a un impoverimento del substrato e crea l'ambiente favorevole allo sviluppo di parassiti e infestanti specifici di ogni coltura.

Invece, è utile la rotazione delle colture ragionata che alterni gli ortaggi secondo uno schema predeterminato. In particolare la rotazione tiene conto che:

- esistono ortaggi con forti esigenze nutritive e altri meno esigenti;
- l'alternanza di piante appartenenti a famiglie diverse limita la diffusione di malattie e parassiti;
- è conveniente alternare piante che si coltivano per le radici, le foglie, i frutti.

L'avvicendamento delle colture che si completa in quattro anni è la rotazione praticata con maggiore frequenza. Richiede la divisione dell'orto in quattro settori, in ognuno dei quali le parcelle saranno destinate a colture coerenti tra loro: solo ortaggi da foglia, da frutto, da fiore oppure da radice.

- Nella progettazione dell'intero ciclo quadriennale, bisogna tenere conto di alcuni particolari. Le **patate** esigono abbondanti

L'ESPERTO CONSIGLIA

Un esempio di rotazione quadriennale

Di seguito consigliamo una possibile impostazione di rotazione quadriennale per uno dei settori dell'orto.

- **Primo anno**: una sostanziosa concimazione con letame seguita dalla coltivazione di patate; dopo la raccolta dei tuberi semina di piante da sovescio come concimazione di fondo per il secondo anno.
- **Secondo anno**: leggera concimazione a base di calce per correggere la debole acidità lasciata dalle patate, seguita dalla zappatura e da ortaggi da seme (fagioli, piselli, fave). Dopo la raccolta, piantagione di cavoli allevati in semenzaio.
- **Terzo anno**: colture da frutto, come pomodoro, zucchina, melanzana, eventualmente con ortaggi da foglia come la lattuga che utilizzano l'azoto residuo dalle colture dell'anno precedente. Utile l'aggiunta di un sottile strato di letame maturo.
- **Quarto anno**: colture da radice (carota, rapa, cipolla, porro, sedano rapa, ravanello).

A rotazione conclusa, il quinto anno si ricomincia il ciclo con un'abbondante concimazione letamica seguita dalla coltivazione di patate, oppure si lascia riposare il terreno coltivando solo una leguminosa da sovescio.

concimazioni a base di letame, al contrario degli ortaggi da radice che, in presenza di concimazioni eccessive, tendono a biforcare il fittone. Per questo alle patate non dovranno seguire carota, scorzonera ecc.

Le **leguminose** in genere (piselli, fave, fagioli ecc.), contrariamente alle patate preferiscono un terreno calcareo; quindi sarà necessario evitare di coltivare patate dopo i legumi per non incorrere in fenomeni di carenza.

I **cavoli** gradiscono i residui di calcio nel terreno e sono quindi adatti a seguire una coltura di leguminose.

Carote, **rape**, **cipolle**, **porri** e **sedani** sono colture da radice che nella rotazione seguono pomodori, zucche, zucchine e lattughe.

L'ESPERTO CONSIGLIA

La consociazione

Con questo termine si indica la **coltivazione contemporanea** di più specie nello stesso terreno, a vantaggio delle colture stesse. Infatti, grazie a singolari e complesse interazioni, talune piante operano un'azione stimolante o, al contrario, reprimente nei confronti delle colture vicine e allo stesso tempo sono in grado di allontanare alcuni parassiti e richiamare alcuni insetti utili.

Da rilevamenti e sperimentazioni condotte in tal senso (in particolare su essudati radicali, resine e oli essenziali prodotti dalle piante) sono state realizzate tabelle che guidano alle consociazioni più vantaggiose tra ortaggi. Ne vediamo di seguito un esempio.

CONSOCIAZIONI CHE SVOLGONO AZIONE REPELLENTE

PIANTE AD AZIONE REPELLENTE	PIANTA PROTETTA	PATOGENO
Rosmarino, issopo, timo, menta, assenzio, salvia	cavolo	cavolaia
Santoreggia, pomodoro	fagiolo	mosca
Lino, fagiolo nano, petunia	patata	dorifora
Tagete	fava	tonchio
Avena, pomodoro, frumento	asparago	mosca
Spinacio, insalata	bietola	altica
Porro, cipolla, aglio	carota	mosca
Pomodoro, trifoglio	cavolo	mosca
Sedano, carota,	cipolla	mosca
Canapa	patata	grillo, talpa
Porro, cipolla, aglio	sedano	mosca
Porro, cavolfiore	sedano	septoriosi

LA DIFESA DIRETTA

Le pratiche orticole corrette, il rispetto dell'equilibrio naturale e della fauna utile, la rotazione delle colture e le consociazioni possano limitare l'esposizione degli ortaggi agli attacchi parassitari, rendendo necessario il ricorso a preparati antiparassitari solo in casi estremi, per esempio per salvare colture importanti su grandi estensioni o impedire che un focolaio, dilagando, investa le colture di interi territori.

L'ESPERTO CONSIGLIA

Poltiglia bordolese contro la peronospora

La poltiglia bordolese è composta da **solfato di rame** e **idrossido di calcio** disciolti in acqua. Curativo contro i funghi è il rame, mentre la calce serve quasi esclusivamente ad aumentarne l'aderenza alle piante irrorate. Questo tradizionale **anticrittogamico** con il quale i nostri nonni hanno sporcato di un magico colore azzurrino i muri delle vecchie case di campagna precedute dalla pergola, è tuttora il mezzo di difesa più economico, efficiente e meno tossico contro la peronospora, **malattia fungina** che attacca anche numerosi ortaggi e che, per svilupparsi, abbisogna di condizioni di umidità persistente e temperatura elevata.

Tali condizioni si realizzano soprattutto in primavera e in estate, esponendo agli attacchi piante ortive come pomodoro, peperone, melanzana, lattuga, cipolla, bietola, patata e, in sottordine, i cavoli. Se non curata, le piante arrestano lo sviluppo e le foglie, che ospitano il fungo al loro interno, si macchiano e seccano.

I TRUCCHI DEL MESTIERE

L'ortica, alleata dell'ortolano

Considerata un'erba infestante da sradicare, la brutta e pungente ortica andrebbe favorita in un angolo dell'orto. Infatti se ne può fare un **macerato** utilissimo per irrobustire le piantine contro attacchi parassitari e aumentare la concimazione.

La ricetta prevede l'impiego di 1 kg di ortica tritata in 10 litri di acqua. Si lascia fermentare all'ombra e al caldo per 15 giorni e poi si filtra. Il liquido così ottenuto va diluito in 50 litri di acqua e irrorato sulla vegetazione a settimane alterne, evitando i pomodori, che sono invece da annaffiare al piede.

In commercio non esistono prodotti specifici per gli orti famigliari che garantiscano l'assoluta non tossicità o tempi di carenza abbastanza brevi, come si richiede nell'orto. Il **tempo di carenza** è il lasso di tempo che intercorre tra il trattamento e il momento in cui si può raccogliere e consumare, senza danno per la salute, le piante sottoposte a trattamento antiparassitario. Basterebbe leggere le istruzioni sulle confezioni di fitofarmaci e antiparassitari per convincersi che non c'è alcuna ragione per ricorrere, nel privato e senza il supporto di un fitoiatra, all'uso di questi prodotti. Se l'orto è il luogo in cui si coltivano la salute e il benessere, è più coerente ricorrere alle pratiche di agricoltura biologica, che suggeriscono l'impiego di alcuni preparati di tossicità trascurabile o del tutto innocui.

- **Preparati a base di piante.** Infusi, decotti o macerati d'ortica, tanaceto ed equiseto che agiscono come prevenzione per rinforzare le difese degli ortaggi, come ricostituenti o come repellenti per i parassiti.

Insetticidi a base vegetale. Piretro, legno quassio, olio di neem, che però non sono mirati per problemi specifici e, avendo un ampio spettro di azione, possono colpire anche gli insetti utili e vanno perciò usati solo in caso di effettiva necessità.

Fungicidi (anticrittogamici). A base di rame e zolfo, i soli prodotti di derivazione chimica accettati in agricoltura biologica. In ogni caso il rame, sotto forma di poltiglia bordolese o ossicloruro di rame, è un metallo non tossico che tuttavia non si degrada nell'ambiente, rimanendo nel terreno dell'orto per parecchi anni e, dilavato, si accumula nella falda d'acqua. Per questo, pur non essendo nocivo, nell'orto deve essere utilizzato solo in caso di effettivo bisogno.

Predatori utili. Insetti, batteri e acari in grado di aggredire e predare quelli dannosi. Per quanto non ancora diffusi capillarmente per uso privato, in prospettiva sono certamente la soluzione per risolvere nell'orto molti problemi di parassiti animali che arrecano gravi danni alle colture. In futuro, più di quanto non sia già possibile fare, si ordineranno scatolette di uova di coccinella o di crisopa da "lanciare" sugli ortaggi infestati dagli afidi. E intanto sono ormai una realtà alcuni collaboratori invisibili ma efficientissimi e privi di tossicità per l'uomo e l'ambiente, per esempio batteri come *Bacillus thuringiensis* e nematodi che parassitizzato insetti, lumache e larve dannose del terreno.

Un orto rigoglioso, diversificato e gratificante per la vista come questo è lo specchio di tante competenze acquisite. Racconta infatti la sintonia con l'ambiente, la cura orticola e il piacere estetico di chi lo coltiva.

Schede di coltivazione

Dall'aglio alla zucchina, dai fagioli alle lattughe, consigli e suggerimenti per ottenere ortaggi sani e saporiti

AGLIO

ALLIUM SATIVUM • FAMIGLIA: LILIACEE

VARIETÀ I diversi tipi di aglio in commercio sono riconducibili a due varietà principali: l'aglio bianco o comune e l'aglio rosa. Il primo è rustico e produttivo, si conserva bene e ha un aroma accentuato. Il secondo, caratterizzato da tuniche rosate, ha un'aroma più dolce ed è precoce, ma ha scarsa resistenza all'umidità, che ne condiziona la conservazione.

CLIMA E TERRENO L'aglio necessita di clima temperato e asciutto e molta luce per un periodo prolungato, altrimenti non riesce a differenziare i bulbilli. Predilige il terreno sciolto, ricco di sostanza organica, piuttosto calcareo; quello compatto e umido può provocare la marcescenza dei bulbi.

AVVICENDAMENTO Può seguire colture da rinnovo (patata, cavolo) che migliorano la struttura e la composizione del terreno. Evitare la coltivazione dopo un altro ortaggio da bulbo (cipolla, scalogno ecc.).

CONSOCIAZIONE Può essere abbinato con pomodoro, prezzemolo, cetriolo.

SEMINA Da gennaio a marzo al Nord e da ottobre a novembre al Sud tramite il trapianto dei bulbilli, ossia degli spicchi che compongono la testa (il bulbo). Si scelgono gli spicchi più esterni e meglio sviluppati dei bulbi dell'anno e si piantano a 5 cm di profondità, a 12 cm sulla fila e 25 cm tra le file, con l'apice verso l'alto.

CONCIMAZIONI E CURE COLTURALI Concimare con largo anticipo con letame o composto molto maturo (2-4 q/100 mq) interrato a 30 cm di profondità. Evitare letame fresco: fa marcire i bulbi. Affinare con cura il terreno prima della piantagione e sarchiare due-tre volte nel corso della coltura per eliminare le infestanti e arieggiare il terreno. Se le piante fioriscono anticipatamente bisogna asportare lo scapo fiorale per evitare dispersioni di sostanza nutritiva a svantaggio dell'ingrossamento dei bulbilli.

RACCOLTA A inizio estate, con tempo asciutto, quando le foglie sono secche. I bulbi estirpati si fanno asciugare al sole per qualche giorno prima di raggrupparli a trecce o mazzi.

AVVERSITÀ

Criocera, nottua, tignola e mosca possono attaccare l'aglio. Tra le **crittogame**, oltre a peronospora e ruggine, sono temibili il marciume del cuore e il mal dello sclerozio. Il primo si manifesta nelle stagioni caldo-umide; l'aglio non va più piantato nello stesso terreno per parecchi anni. Il mal dello **sclerozio**, che determina il marciume delle radici e la morte della pianta, si evita rispettando le rotazioni delle colture.

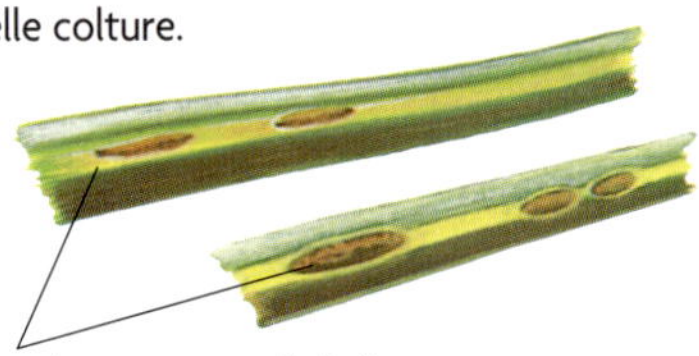

danni da peronospora sulle foglie

ANGURIA o cocomero

CITRULLUS VULGARIS • FAMIGLIA: CUCURBITACEE

CLIMA E TERRENO Predilige clima temperato-caldo e terreno di medio impasto, sciolto, ricco di sostanza organica, profondo e permeabile, con pH da 5,5 a 7.

AVVICENDAMENTO Si consiglia di attendere qualche anno prima di ripetere la coltura nello stesso terreno.

CONSOCIAZIONE Convive con molti ortaggi: cipolla, carota, lattuga, ravanello, spinacio, pomodoro, pisello ecc.

SEMINA Direttamente a dimora in aprile-maggio al Nord e a inizio primavera al Sud alla profondità di 3-4 cm. I semi, a gruppi di 2-3, vengono posti in buchette a intervalli di 1-1,5 m sulla fila e 2-2,3 m tra le file.

CONCIMAZIONI E CURE COLTURALI Si interrano 4 q/100 mq di letame o di composto maturi. Prima della preparazione del letto di semina si consiglia di effettuare una concimazione minerale fosfopotassica. Con il diradamento si provvede a lasciare due piantine per ogni buchetta, quindi con la cimatura del tralcio primario dopo la quarta foglia, si stimola la crescita di tralci laterali, che andranno ugualmente cimati. Periodiché zappettature servono a mantenere pulito il terreno dalle infestanti, mentre sono utili, con clima siccitoso, due o tre irrigazioni nel periodo dell'allegagione dei frutti.Eccessive annaffiature e andamento stagionale piovoso durante la maturazione possono compromettere la qualità dei frutti.

RACCOLTA A scalare durante l'estate. L'esperienza insegna quando è ora di staccare il frutto. Indicativamente il viticcio del peduncolo deve essere quasi secco e la scorza del frutto deve presentare una leggera patina di pruina.

Picchiare con le nocche sul frutto per stabilire se è pronto per la raccolta.

AVVERSITÀ

Raramente l'anguria viene attaccata da parassiti quali **afidi**, **grillotalpa**, **larve di maggiolino**, **nottue**, **nematodi**. Rare anche le malattie crittogamiche: **peronospora**, **oidio**, **cladosporiosi**, **tracheofusariosi** e **marciume radicale**. Il rispetto delle norme colturali evita quasi sempre l'insorgenza di tali problemi fitosanitari.

ASPARAGO

Asparagus officinalis • Famiglia: Liliacee

CLIMA E TERRENO L'asparago ha buona adattabilità e sopporta bene sia il freddo sia il caldo. Preferisce il terreno sciolto, sabbioso e calcareo, ben drenato.

AVVICENDAMENTO L'asparagiaia resta sul terreno per molti anni, quindi non partecipa alle rotazioni delle colture. Comunque l'impianto non deve avvenire dopo la coltivazione di bietole e patate e non va rifatto sullo stesso appezzamento prima che siano trascorsi almeno 8 anni.

CONSOCIAZIONE Solo nei primi anni si può coltivare l'asparago con cipolla, carota, basilico, pisello, ravanello, lattuga.

SEMINA Le zampe (radici) si acquistano pronte all'impianto, ma si può partire anche da seme. La semina va fatta all'inizio della primavera alla profondità di 1 cm, in file distanti tra loro 30 cm. Dopo 30 giorni circa dalla germinazione si procede al diradamento mantenendo sulla fila una piantina ogni 10-12 cm. I semi germinano meglio e più in fretta se immersi in acqua qualche ora prima della semina. Le zampe sono pronte l'anno seguente in primavera.

Il trapianto a dimora delle zampe avviene da novembre a marzo in fosse profonde 20-30 cm e larghe 50, distanziate tra loro di circa 40 cm e parzialmente riempite con una miscela di letame maturo, terriccio e torba. Le zampe andranno pareggiate in lunghezza e piantate ad intervalli di 40-60 cm a 10-12 cm di profondità. Al termine si copre con terra fertile.

CONCIMAZIONI E CURE COLTURALI La concimazione organica prevede un apporto di letame maturo di 6-7 q/100 mq da interrare con la vangatura qualche mese prima dell'impianto.

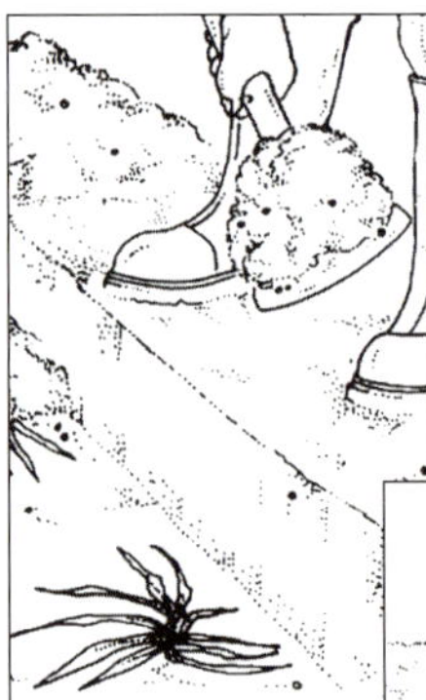

Le zampe (radici), poste su un monticello di terra, si mettono a dimora a intervalli di 40 cm di distanza.

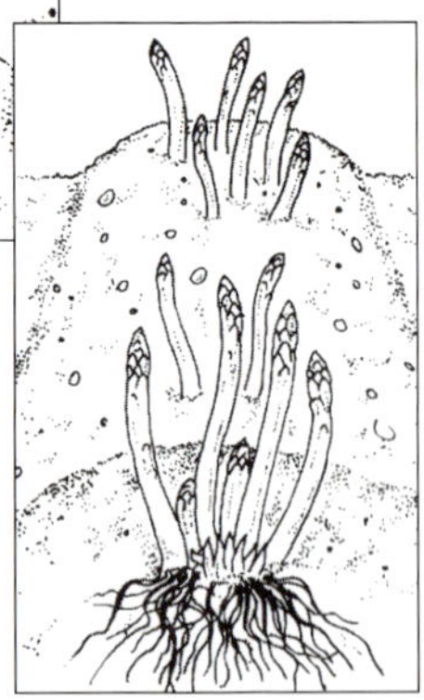

I turioni dell'asparago si sviluppano da un corto rizoma. Si possono raccogliere i primi al secondo anno dall'mpianto, ma la produzione vera comincia al terzo anno.

AVVERSITÀ

In agricoltura biologica si usa coltivare i **porri** prima di impiantare l'asparagiaia come forma di prevenzione efficace contro il mal vinato.

Se il terreno è povero di calcio, giova la somministrazione di 10 kg/100 mq di calcinacci o 5 kg/100 mq di litotamnio poco prima dell'impianto. Giova inoltre la concimazione con polvere d'ossa, che risulta molto ricca di fosforo (3 kg/100 mq).

Nei terreni sciolti, con andamento stagionale asciutto è utile somministrare qualche irrigazione di soccorso e qualche zappatura superficiale per rimuovere le erbe infestanti. In autunno conviene tagliare gli steli ormai ingialliti e scalzare un po' le radici, sostituendo la terra con letame maturo. Si raccolgono i primi turioni dopo tre o quattro anni e la coltura rimane produttiva almeno per una decina di anni.

RACCOLTA I turioni, cioè i germogli delle piante ai primi stadi di sviluppo, vanno raccolti quando sono ancora quasi del tutto interrati, servendosi del cogliasparagi, una sorta di asta metallica con la quale tranciare il germoglio alla base.

AVVERSITÀ

Oltre alle **lumache**, danni da parassiti possono essere provocati da larve di **maggiolino**, **grillotalpa**, **cosside**. La **mosca dell'asparago** scava gallerie causando la morte o la deformazione dei turioni; si prevengono attacchi distruggendo gli steli infestati e realizzando l'asparagiaia in posizione ben arieggiata. Si combatte irrorando la vegetazione con una miscela di legno quassio e sapone di Marsiglia.

Danni e pupa di mosca dell'asparago

La **criocera** rosicchia la vegetazione; si combatte spolverando gli ortaggi con litotamnio col favore della rugiada.

Oltre al **mal vinato**, tra i parassiti fungini c'è la **fusariosi**; fa marcire le radici, che assumono una colorazione rosso-brunastra e appaiono svuotate, mentre la parte aerea della pianta ingiallisce, diventa debole e secca. La lotta preventiva avviene con l'impiego di seme e zampe sane e disinfettate di varietà resistenti.

Crioceris asparagi

La **ruggine** è la malattia crittogamica più temibile. Si manifesta sui turioni in primavera con piccole macchie ovali giallo-arancio che si diffondono su fusti, rami e foglie con caratteristiche pustole brunastre, dalle quali fuoriesce una polvere rossiccia. In seguito a questi attacchi, la parte aerea dissecca e la produzione si riduce sensibilmente anche l'annata seguente. L'azione preventiva prevede l'eliminazione in primavera di eventuali piante di asparago selvatico situate nelle vicinanze della coltivazione. In autunno si distruggono col fuoco gli steli dopo averli falciati. La lotta diretta con prodotti biologici prevede trattamenti con soluzione idroalcolica di propoli (150 cc) addizionata a sulfar (250 g) in 100 l di acqua.

Crioceris duodecimpuctata

BARBABIETOLA o bietola da radice

Beta vulgaris cruenta, B. v. esculenta, B. v. conditiva • FAMIGLIA: CHENOPODIACEE

CLIMA E TERRENO La barbabietola cresce in tutti i climi in terreno di medio impasto, ricco di sostanza organica, profondo e fresco, a pH neutro o un po' basico.

AVVICENDAMENTO *Vedi bietola da coste*

CONSOCIAZIONE *Vedi bietola da coste*

SEMINA Direttamente nell'orto, da fine febbraio a maggio al Nord e in autunno al Sud, alla profondità di circa 3 cm, a 20 cm sulla fila e a 40 cm tra le file.

CONCIMAZIONI E CURE COLTURALI Prima della semina si vangano nella terra 2 q/100 mq di letame maturo. Le cure colturali prevedono irrigazioni con andamento stagionale siccitoso, escluso il periodo prima della raccolta per evitare spaccature del fittone; scerbature e zappettature per arieggiare il terreno e tenerlo libero dalle infestanti; il diradamento all'emissione della quarta fogliolina per mantenere opportune distanze di crescita.

La barbabietola può andare soggetta a carenze di microelementi, che si manifestano in diverso modo: il colore giallastro fra le venature delle foglie più vecchie indica mancanza di manganese, radici con chiazze grigie o brune una mancanza di boro.

RACCOLTA Si effettua con terreno asciutto, estirpando le radici allorché hanno raggiunto una pezzatura corrispondente alle caratteristiche della varietà coltivata.

Una zappa o una vanga possono aiutare a smuovere il terreno.

radici che affiorano dal terreno

foglie che iniziano ad appassire

AVVERSITÀ

Vedi bietola da coste.

BIETOLA DA COSTE E DA FOGLIA

Beta vulgaris cycla • Famiglia: Chenopodiacee

CLIMA E TERRENO La bietola non ha particolari esigenze climatiche, ma temperature primaverili piuttosto basse possono indurre la precoce andata a seme. I terreni migliori sono di medio impasto, freschi e profondi, privi di ristagni d'acqua e ricchi di sostanza organica.

AVVICENDAMENTO Si può considerare una coltura da rinnovo, perciò adatta ad aprire una rotazione.

CONSOCIAZIONE Si associa bene a molti ortaggi, in particolare tutti i cavoli, lattuga, cipolla, sedano.

SEMINA In semenzaio protetto a febbraio per il trapianto precoce all'aperto. Direttamente a dimora in primavera ed estate alla profondità di 3 cm e a intervalli di 25 cm su file distanziate di 40 cm.

CONCIMAZIONI E CURE COLTURALI La concimazione organica prevede la distribuzione di letame (3 q/100 mq). Le cure colturali si basano su discrete irrigazioni per tutto il ciclo vegetativo e qualche zappettatura per mantenere il terreno arieggiato e privo di erbacee.

RACCOLTA Le bietole da costa vanno raccolte scalarmente recidendo con un coltello le foglie più esterne quando il picciolo è ben sviluppato. Le bietole da foglia vanno raccolte di continuo con coltello o forbici.

AVVERSITÀ

Tra i parassiti ricordiamo: la cassida, il grillotalpa, gli **afidi**, il **maggiolino**, il ragnetto rosso, nonché lumache e limacce. Le anguillule, possono causare scarso sviluppo fogliare e radicale, nonché appassimenti. La lotta preventiva si basa su opportune **rotazioni**, consociazioni con tagete e calendula, apporto solo di letame perfettamente compostato. La mosca minatrice scava gallerie nella lamina fogliare inibendo lo sviluppo delle foglie e procurando infezioni. Si previene con rincalzature e seminando in luoghi ventilati. All'altica o pulce di terra, che rode la pagina inferiore delle foglie più tenere, ci si oppone con pacciamature, infuso concentrato di tanaceto o assenzio, spolverando le foglie di litotamnio o bentonite in presenza di rugiada. Oltre a **virosi** e **batteriosi**, tra le crittogame ricordiamo la peronospora che causa su foglie, colletto e fittone macchie giallastre o rossastre, in corrispondenza delle quali compare sulla pagina inferiore una muffa feltrosa. La lotta preventiva si basa sull'impiego di semente sana e su opportune rotazioni.

Il mal bianco è frequente con il caldo. Sulle foglie appare una muffa farinosa, biancastra, quindi le parti colpite assumono un aspetto giallastro e disseccano. Si combatte ai primi sintomi con zolfo micronizzato.

CARCIOFO

CYNARA SCOLYMUS • FAMIGLIA: COMPOSITE

CLIMA E TERRENO Cresce meglio in clima mite e asciutto, benché possa adattarsi anche a quelli relativamente freddi. È però sensibile agli sbalzi di temperatura e alle brinate. Predilige i terreni di medio impasto, argillosi, con pH un po' acido ed è insofferente ai ristagni d'acqua.

AVVICENDAMENTO Se coltivato a ciclo annuale può precedere o seguire qualsiasi ortaggio, ma poiché può essere mantenuto sullo stesso terreno per 3-4 anni, va considerato una coltura da rinnovo.

CONSOCIAZIONE Buona con lattuga, pisello, indivia, ravanello, porro, cipolla, fagiolino.

SEMINA E MOLTIPLICAZIONE Non si parte mai dalla semina, perché è un'operazione piuttosto complessa e non conserva i caratteri delle varietà. Si preferisce la riproduzione vegetativa tramite i polloni o carducci (germogli che si formano attorno della pianta principale), che vanno staccati di netto dalla pianta madre, con un coltello affilato, a inizio primavera o inizio autunno. In estate si può partire dagli ovoli, ovvero porzioni di rizoma provvisti di gemme, facendoli germogliare alla luce e all'umido per qualche giorno prima di interrarli in buche profonde una ventina di centimetri.

AVVERSITÀ

Vedi cardo.

CONCIMAZIONI E CURE COLTURALI Il carciofo è esigente in fatto di concimazione. Si distribuiscono 6 q/100 mq di letame molto maturo prima di avviare la coltura. Parte della sostanza organica, purché ben matura, può essere disposta nei solchi mescolata a terriccio. Necessita anche di discrete concimazioni minerali fosfopotassiche.

Il carciofo gradisce discrete annaffiature d'estate e dopo l'impianto e necessita della spollonatura dei germogli che si formano al colletto. In autunno va rincalzato al piede, prevedendo una spessa pacciamatura di composto o letame maturo.

RACCOLTA A scalare, quando i boccioli raggiungono la giusta pezzatura. Si recidono di netto con 20 cm di gambo fogliato, utilizzando un coltello affilato. I primi capolini che si formano in primavera sullo stelo centrale, particolarmente grossi e teneri, si chiamano mammole. Vengono invece chiamati gobbi i polloni che alla ripresa vegetativa si formano alla base del cespo e che, non eliminati, vengono incurvati e interrati in un piccolo solco per imbianchirli. Hanno un sapore delicato simile a quello dei cardi.

Per la raccolta, è necessario tener conto della pezzatura dei boccioli commestibili ed evitare che questi, cominciando ad aprirsi, diventino rossastri e coriacei.

CARDO

CYNARA CARDUNCULUS • FAMIGLIA: COMPOSITE

CLIMA E TERRENO Ha esigenze simili, ma meno imperative, del carciofo, però predilige i terreni freschi, profondi, un po' compatti.

AVVICENDAMENTO È da ritenersi una coltura da rinnovo e come tale è indicata per avviare una rotazione.

CONSOCIAZIONE Si può associare a ravanello, cipolla, lattuga, spinacio, carota.

SEMINA Avviene in semenzaio riscaldato in febbraio-marzo, oppure direttamente nell'orto in aprile-maggio a postarella (4-5 semi a 1-2 cm di profondità in ogni buchetta). Quando le piantine hanno 6-8 foglie vanno trapiantate a intervalli di 60-80 cm sul file distanziate di 1 m. Per ottenere un buon prodotto, si sconsiglia di ricorrere ai carducci o polloni poiché le piante ottenute in questo modo sarebbero filacciose.

CONCIMAZIONI E CURE COLTURALI Come il carciofo, ma ricorrendo a inizio autunno all'imbianchimento per rendere croccante e tenero il picciolo delle foglie: si legano i cespi e si rivestono con paglia, carta o terra, lasciando libero soltanto il ciuffo finale; dopo 20-30 giorni i cespi possono essere raccolti.

RACCOLTA Si effettua da fine ottobre alle prime gelate.

AVVERSITÀ

Carciofi e cardi sono soggetti alle stesse avversità. Oltre a **lumache**, **topi**, **afidi**, **maggiolini**, **grillotalpe**, tra i parassiti si segnala la **nottua del carciofo**, le cui larve giungono al bocciolo commestibile attraverso gallerie scavate nelle nervature delle foglie. In caso di forte infestazione le piante devono essere distrutte. La **vanessa del carciofo** è una bella farfalla che allo stadio di bruco rosicchia le foglie rispettando solamente le nervature. Anche altre larve di farfalla si cibano delle foglie di carciofo e di cardo.

Tra le malattie crittogamiche citiamo il **disseccamento fogliare** e il **marciume radicale del colletto** o **sclerotinia**, il **mal bianco del cardo** e **del carciofo**. Quest'ultima è la malattia più diffusa e si manifesta come una patina biancastra sulle foglie, facendole seccare.

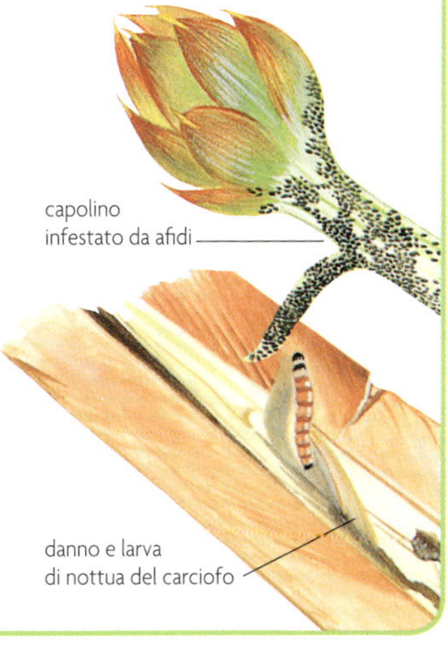

CAROTA

DAUCUS CAROTA • FAMIGLIA: OMBRELLIFERE

VARIETÀ A seconda della lunghezza della radice, si distinguono carote corte, mezze lunghe e lunghe. In base invece all'epoca di maturazione si distinguono varietà precoci, semiprecoci e tardive.

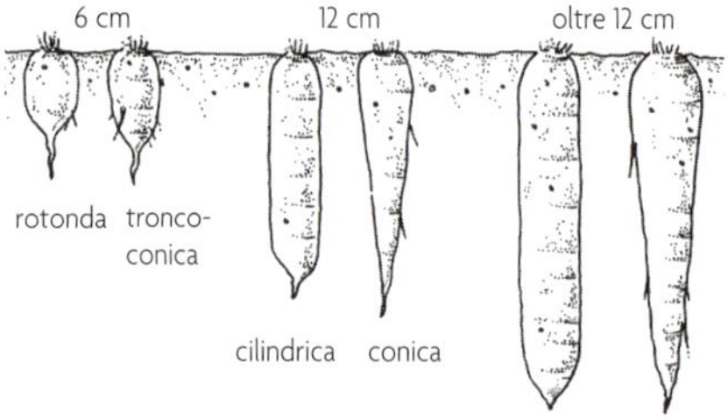

Caratteristiche morfologiche dei differenti gruppi di varietà di carote.

CLIMA E TERRENO La carota predilige i climi temperati e freschi. Ideali sono i terreni sciolti, di medio impasto, ricchi di sostanza organica e ben drenati. Da escludere i terreni sassosi: causano la biforcazione della radice.

AVVICENDAMENTO La carota sfrutta la fertilità organica residua lasciata da una coltura precedente, ma può essere impiegata anche come coltura da rinnovo. Segue con vantaggio la coltura di aglio e porro. Al fine di evitare attacchi parassitari si sconsiglia di ripetere la coltura nello stessa parcella prima che siano trascorsi tre anni.

CONSOCIAZIONE Buona in particolare con lattuga, pisello, ravanello, spinacio. La coltivazione congiunta di porro e carota inibisce gli attacchi del verme del porro e quelli della mosca della carota.

SEMINA Le varietà precoci si seminano in gennaio-marzo; le semiprecoci in aprile-maggio; le tardive da fine agosto a tutto ottobre. La distribuzione del seme avviene a spaglio coprendo con pochi millimetri di terra. Se seminata a file per facilitare il diserbo, si rispetteranno distanze di circa 5-6 cm sulla fila e di 20 cm tra le file. Dopo l'operazione di semina è opportuno eseguire una rullatura per far aderire perfettamente i semi alla terra, mentre il diradamento si effettua quando le piantine hanno raggiunto 2-3 cm di altezza ed emesso la quarta fogliolina.

CONCIMAZIONI E CURE COLTURALI Sarebbe opportuno distribuire la concimazione organica alla coltura che precede la carota, altrimenti si interreranno con largo anticipo 3-4 q/100 mq di letame ben decomposto. Da evitare l'uso di letame fresco in quanto crea un habitat favorevole allo sviluppo di marciumi e richiama la mosca.

Spaccatura del fittone per troppa acqua.

Le concimazioni fosfopotassiche vanno effettuate prima della semina, nel momento in cui si prepara il terreno.

Le cure colturali prevedono scerbature e zappettature per eliminare le infestanti, che entrano in competizione a causa della crescita lenta della carota. D'estate è utile somministrare qualche irrigazione con clima asciutto, evitando acqua più fredda del terreno per non provocare la fessurazione del fittone.

RACCOLTA A scalare, quando il fittone ha raggiunto dimensioni apprezzabili, ma senza attendere troppo a lungo: a sviluppo completato, le carote vanno tolte dal terreno altrimenti diventano dure e inservibili. Se le carote vengono lasciate troppo a lungo nel terreno, la parte centrale della radice (il cuore) diventa duro e fibroso.

AVVERSITÀ

foglia colpita da alternariosi

Tra i parassiti animali ricordiamo la **mosca delle carote** la quale depone le uova sulla pianta: da esse nascono le larve che penetrano nelle radici compromettendone il raccolto. Utili pratiche di difesa preventiva sono: la sfasatura della semina in relazione allo sviluppo delle mosche; la semina delle carote alquanto distanziate; il mantenimento di una buona, ma non eccessiva umidità nel terreno. Tra i parassiti ricordiamo anche il **grillotalpa**, gli **afidi** e il **ragno rosso**.

Tra le crittogame citiamo la **peronospora**, la **cercospora**, l'alternaria. La **ruggine** si manifesta con macchie brune sulle radici che sviluppano sul terreno delle formazioni di spore rossastre. La **sclerotinia** causa danni ai tessuti che si ricoprono di una muffetta feltrosa bianca poi seguita da punti neri; in caso di attacco vanno eliminate le piante colpite.

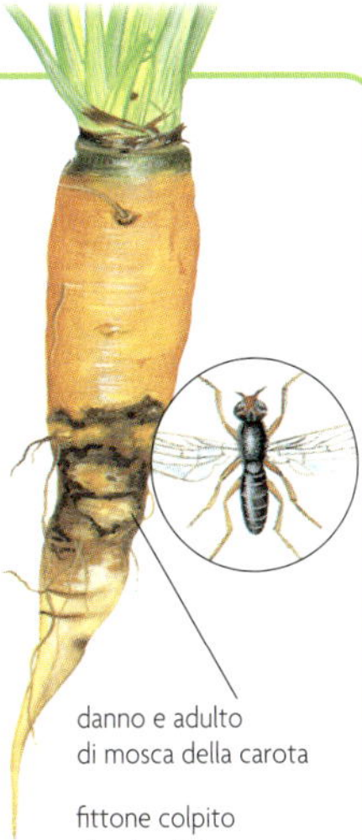

danno e adulto di mosca della carota

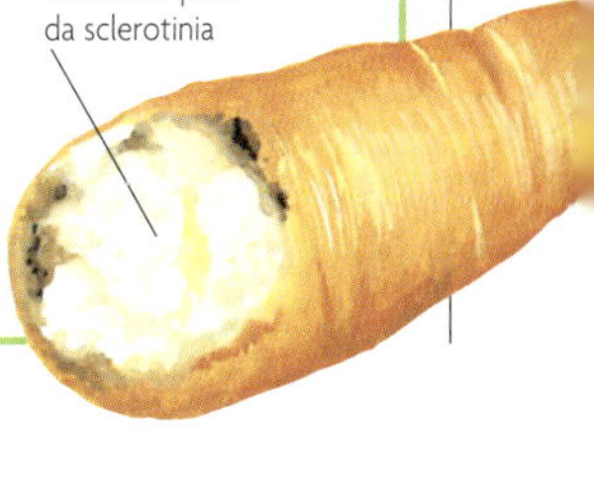

fittone colpito da sclerotinia

CAVOLFIORE

Brassica oleracea botrys • Famiglia: Crocifere

CLIMA E TERRENO Benché dimostri una discreta adattabilità al freddo, il cavolfiore predilige un ambiente temperato caldo. Teme la siccità, in particolar modo nei primi stadi di crescita. Vuole terreni di medio impasto, ricchi di humus.

AVVICENDAMENTO La coltura nello stesso terreno non va mai ripetuta prima che siano trascorsi 2-3 anni. Va avvicendato di preferenza con ortaggi della famiglia delle leguminose (fagioli, piselli, fave ecc.).

CONSOCIAZIONE Il cavolfiore convive con molti ortaggi, ottenendone pure vantaggi: lattuga e spinaci sono repellenti per l'altica, mentre l'abbinamento con salvia, rosmarino, pomodoro e sedano allontana la cavolaia e il connubio con il pomodoro impedisce le infestazioni di mosca del cavolo. Da evitare la consociazione con altri cavoli, oltre che con aglio, cipolla e patate.

SEMINA Si effettua in semenzaio da maggio a luglio interrando i semi alla profondità di 1 cm. Il trapianto si esegue 40 giorni dopo, quando le piantine hanno emesso la sesta foglia e sono alte 20 cm circa. Distanza d'impianto di 50-60 cm sulla fila e 60 cm tra le file.

CONCIMAZIONI E CURE COLTURALI La concimazione di fondo si effettua con composto o letame maturo nella dose di 4 q/100 mq. Il cavolfiore trae vantaggio dalla fertilità residua della coltura precedente.

Le cure colturali prevedono essenzialmente solo accurate annaffiature nel periodo immediatamente successivo al trapianto.

RACCOLTA Dall'autunno all'inizio della primavera a seconda della varietà. Le infiorescenze devono raggiungere le dimensioni tipiche della varietà.

Per avere l'infiorescenza bianchissima e compatta, spezzare la nervatura centrale di una foglia, la quale, piegandosi, coprirà l'infiorescenza proteggendola dai raggi solari.

AVVERSITÀ

Vedi pag. 75

CAVOLO BROCCOLO

BRASSICA OLERACEA BOTRYS CYMOS • FAMIGLIA: CROCIFERE

AVVERSITÀ

Vedi pag. 75

VARIETÀ Le varietà di cavolo broccolo sono riconducibili essenzialmente a due gruppi distinti: broccoli con un'infiorescenza compatta, simile a quella dei cavolfiori, oppure broccoli caratterizzati da infiorescenze terminali all'apice di molti rami.

Le cultivar più note sono selezioni italiane locali: "Verona tardivo"; "Fiolaro vicentino"; "Ramoso calabrese"; "Romanesco" ecc.

CLIMA E TERRENO Questo ortaggio predilige la coltivazione in zone caratterizzate da inverno mite. Malgrado questo, sopporta bene il freddo, anche meglio del cavolfiore, con il quale condivide le esigenze di terreno e concimazione (si veda quindi a riguardo quanto esposto per il *cavolfiore*).

CAVOLO CINESE o pe-tsai

BRASSICA SINEUSIS • FAMIGLIA: CROCIFERE

SEMINA Direttamente a dimora da fine giugno a fine luglio. La semina anticipata stimola la fioritura delle piante, compromettendo il raccolto. I semi si dispongono in numero di 4-6 per ogni postarella, alla profondità di 2 cm e alla distanza di 30 cm tra loro sulla fila e di 40 cm tra le file. Quando le piantine hanno emesso la seconda foglia si effettua un primo diradamento, mantenendo 2-3 piantine per postarella; una decina di giorni dopo si effettua un secondo passaggio che lascerà solo la piantina più robusta.

RACCOLTA Questo cavolo ha un ciclo di coltivazione molto breve (alcune varietà sono pronte in 40 giorni). Va raccolto prima del gelo e prima che monti a seme.

AVVERSITÀ

Vedi pag. 75

CAVOLO CAPPUCCIO

Brassica oleracea botrys cymosa • Famiglia: Crocifere

● **CLIMA E TERRENO** Non gradisce i climi caldi e siccitosi, mentre cresce bene in quelli freddi e umidi ma con terreno privo di ristagni d'acqua.

● **AVVICENDAMENTO** Precede generalmente una coltura da rinnovo.

● **CONSOCIAZIONE** *Vedi cavolfiore.*

● **SEMINA** I cavoli cappucci primaverili si seminano in agosto-settembre; quelli estivo-autunnali da gennaio a maggio; quelli invernali in maggio-giugno.

La semina avviene in semenzaio protetto soprattutto nei periodi freddi, mentre durante la buona stagione può essere fatta direttamente nell'orto. I semi vanno interrati a 1-2 cm di profondità.

Quando le piantine hanno sviluppato la terza foglia i cappucci vanno trapiantati una prima volta; si trapiantano definitivamente a dimora quando hanno sviluppato altre tre foglie. La distanza di piantagione sulla fila è di 50 cm e di 60 cm tra le file.

● **CONCIMAZIONI E CURE COLTURALI** Per quanto riguarda la concimazione si faccia riferimento al cavolfiore. Le cure colturali, oltre alle irrigazioni accurate dopo il trapianto e le normali scerbature e zappettature, prevedono la rincalzatura durante lo sviluppo della "testa".

● **RACCOLTA** Va effettuata scalarmente recidendo la pianta alla base allorché la testa del cappuccio è ben sviluppata e soda, prima che tenda ad aprirsi.

AVVERSITÀ

Vedi pag. 75

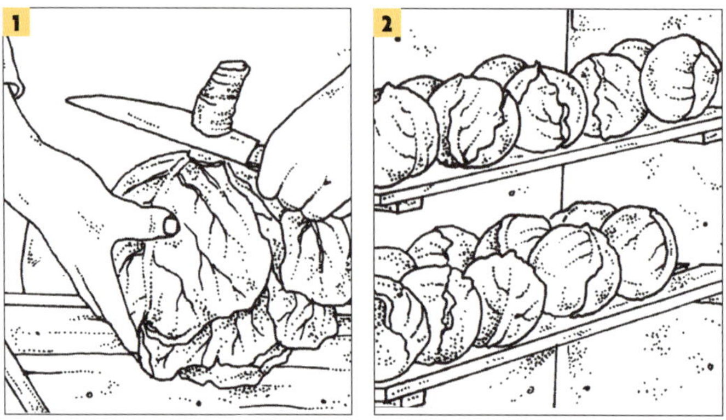

Una volta liberato dalle radici e dalle foglie più esterne (1), il cappuccio può essere conservato in un locale fresco e ventilato, disponendo le teste ben distanziate su scaffali di legno (2).

CAVOLO DI BRUXELLES

Brassica oleracea bullata aut gemmifera • Famiglia: Crocifere

CLIMA E TERRENO Predilige climi temperato-caldi e terreni di medio impasto, freschi, privi di ristagni d'acqua e ricchi di sostanza organica.

AVVICENDAMENTO È una coltura intercalare e può quindi precedere una da rinnovo.

CONSOCIAZIONE *Vedi cavolfiore*; assolutamente sconsigliata quella con la cicoria riccia.

SEMINA In semenzaio dalla primavera a inizio estate. La profondità di semina è di circa 2 cm. Il trapianto si esegue dopo circa 40 giorni, quando le piantine hanno raggiunto un'altezza di 15-20 cm. La distanza d'impianto è di 50 cm sulla fila e 70 cm tra le file. Si può anche seminare direttamente a dimora, diradando poi le piantine alla giusta distanza tra loro.

CONCIMAZIONI E CURE COLTURALI La concimazione organica non deve essere eccessiva perché può ostacolare la formazione dei germogli commestibili. Inoltre può essere utile effettuare la rincalzatura e dotare di tutore le piante più deboli.

RACCOLTA Si raccolgono i grossi germogli all'ascella delle foglie prima che si aprano, quando sono ben compatti e sodi. Se la pianta sviluppa più foglie che germogli, si cima l'apice e si eliminano le foglie lungo il fusto (*vedi sotto*).

CAVOLO NAVONE

Brassica napus esculenta • Famiglia: Crocifere

AVVERSITÀ

Vedi pag. 75

CLIMA E TERRENO Resistente al freddo, teme le temperature troppo elevate e la siccità, ma abbondanti piogge e irrigazioni dopo un prolungato periodo di siccità possono spaccare la radice. Predilige terreni profondi e freschi, ma si adatta anche a quelli argillosi o con pH piuttosto acido.

CONSOCIAZIONE Poco adatto a consociarsi con altri ortaggi.

SEMINA A tarda primavera in semenzaio o direttamente a dimora. Il trapianto si effettua all'inizio dell'estate, a circa 40 giorni dalla semina, lasciando 35 cm di intervallo tra le piante sulla fila e 50 cm tra le file.

RACCOLTA A scalare quando le radici pervengono alla pezzatura ottimale.

CAVOLO NERO TOSCANO o palmizio

Brassica oleracea acephala • Famiglia: Crocifere

CLIMA E TERRENO Particolarmente resistente al freddo e alle gelate, dalle quali spesso trae addirittura giovamento, diventando più tenero e dolce.

SEMINA In aprile-maggio in semenzaio. Il trapianto nell'orto deve avvenire a 40-50 giorni circa dalla semina, scegliendo esclusivamente le piantine più vigorose e dotate di 4-5 foglioline. Bisogna lasciare 40 cm sulla fila e 60 cm tra le file.

CONSOCIAZIONE E CURE COLTURALI *Vedi cavolfiore e cavolo cappuccio.*

RACCOLTA Avviene scalarmente nel corso di parecchi mesi, asportando sempre esclusivamente le foglie più basse, che sono anche le più sviluppate.

AVVERSITÀ

Vedi pag. 75

CAVOLO RAPA

Brassica oleracea gongyloides • FAMIGLIA: CROCIFERE

CLIMA E TERRENO Predilige i climi temperato-caldi, ma dimostra una discreta resistenza al freddo. Il terreno deve essere fresco e profondo, privo di ristagni d'acqua.

AVVICENDAMENTO Non ha particolari esigenze e può indifferentemente precedere o seguire molte colture orticole.

CONSOCIAZIONE Si presta a essere consociato con ortaggi quali lattuga e finocchio.

SEMINA Può avvenire in semenzaio, in letto caldo o freddo, oppure direttamente a dimora nell'orto a seconda del periodo. Il trapianto va eseguito quando le piantine hanno circa 40 giorni e un'altezza di 15-20 cm, distanziandole di 30 cm sulla fila e di 40 cm tra le file. Conviene piantare poche piante e rinnovare la coltura una volta al mese circa, in modo da ottenere raccolti scalari di cavoli rapa per un lungo periodo.

CONCIMAZIONI E CURE COLTURALI Si prepara il fondo con una concimazione di letame o composto maturo nelle dosi di 4 q/100 mq. Essendo il fusto ingrossato la parte commestibile, particolare cura si dovrà avere al momento del trapianto, affinché non venga interrato il colletto, lasciando così libero il fusto di ingrossarsi. Importanti sono le irrigazioni subito dopo il trapianto e nel corso della coltura. La siccità infatti rende fibrosa la "rapa", mentre le piogge abbondanti oppure le irrigazioni eccessive possono spaccarla e renderla meno appetibile.

RACCOLTA Si effettua quando il rigonfiamento del fusto ha raggiunto la misura di una palla da tennis o poco più, mondando la rapa da foglie e radici.

AVVERSITÀ

Vedi pag. 75

1

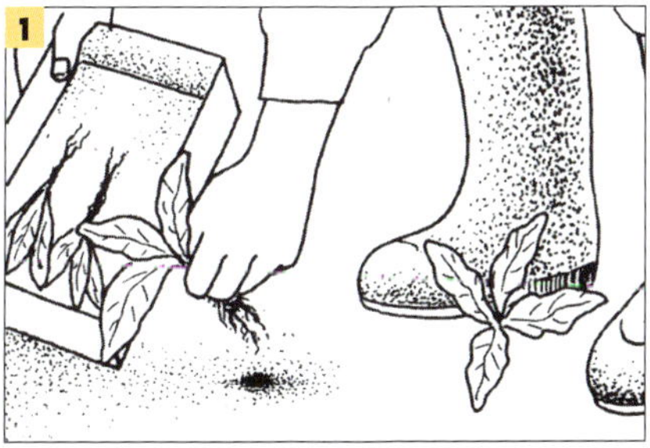

2

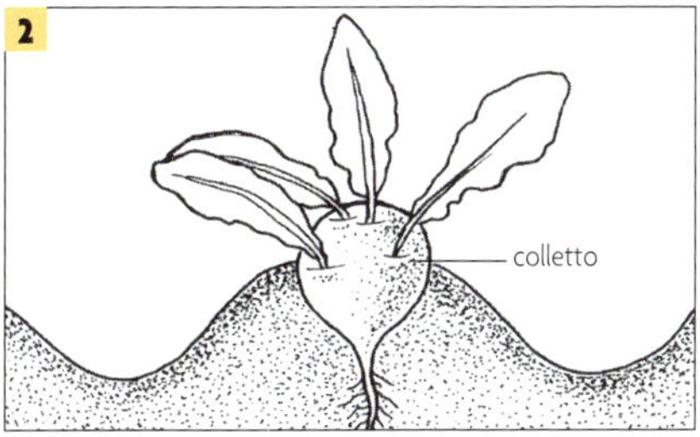

Le piantine di cavolo rapa vanno trapiantate a una trentina di centimetri di distanza sulla fila (1), evitando con cura di interrare il colletto in modo da favorirne l'ingrossamento (2).

CAVOLO VERZA

BRASSICA OLERACEA SABAUDA • FAMIGLIA: CROCIFERE

CLIMA E TERRENO Predilige i climi temperato-umidi e dimostra una buona tolleranza al freddo. Cresce bene in tutti i terreni, anche compatti, purché freschi, profondi e ben drenati.

AVVICENDAMENTO E CONSOCIAZIONE Come coltura intercalare, può precederne una da rinnovo. Si associa con porro, sedano, lattuga.

SEMINA Il periodo varia a seconda dell'epoca di maturazione: da gennaio a maggio si seminano le varietà estivo-autunnali; in aprile-maggio quelle tardive e in agosto-settembre quelle precoci. In genere si semina in semenzaio, più raramente in pieno campo, interrando i semi a 1-2 cm di profondità. Quando le piantine hanno un'altezza di circa 20 cm, cioè dopo 40 giorni, si effettua il trapianto lasciando 50 cm sulla fila e 60 cm tra le file.

CONCIMAZIONI E CURE COLTURALI Per quanto riguarda la concimazione di fondo *vedi cavolfiore*. In caso di andamento stagionale siccitoso annaffiare con cura dopo il trapianto, sino all'attecchimento delle piantine. La rincalzatura può essere vantaggiosa per le varietà invernali.

RACCOLTA A scalare quando la "testa" ha raggiunto le dimensioni tipiche della varietà, altrimenti tende a spaccarsi. Le varietà invernali possono rimanere nell'orto e venire raccolte di volta in volta. Il gelo non le rovina, anzi ne migliora sapore e croccantezza.

La rincalzatura è una pratica molto utile che consiste nell'aumentare la quantità di terra alla base della pianta, prendendola dall'interfila.

AVVERSITÀ

Durante la cottura tutte le varietà di cavolo emanano un **odore poco gradevole** dovuto ad alcune sostanze azotate contenute nelle foglie, ma è sufficiente aggiungere all'acqua un po' di prezzemolo o un pezzetto di pane per risolvere l'inconveniente. *Vedi anche pag. 75*

AVVERSITÀ

Benché rustici e facili da coltivare con successo, tutti i cavoli possono andare incontro ad attacchi di parassiti animali quali **cecidomia**, **altica**, **maggiolino**, **mosca del cavolo**. Quest'ultima, simile alla mosca delle case, depone le uova presso i cavoli; le sue larve si insediano nelle radici, provocando la morte della pianta. Si previene consociando con il pomodoro, effettuando trapianti profondi e rincalzature, impiegando letame perfettamente maturo, lavorando il terreno per esporre le larve agli uccelli.

Uova di cavolaia

La farfalla **cavolaia** (*Pieris brassicae*) depone le uova sulle foglie dei cavoli; i bruchi rosicchiano le foglie fino alle nervature e possono distruggere l'intero raccolto. In caso di infestazione grave si possono fare trattamenti con *Bacillus thuringiensis*.

Numerose crittogame attaccano l'intera famiglia delle crocifere alla quale appartengono i cavoli. La più nota è **l'ernia del cavolo**, che causa formazioni tumorali e galle sulle radici e più raramente anche alla base del fusto. Sulle radici compaiono protuberanze che diventano rugose prima di decomporsi o ingrossarsi e la pianta colpita deperisce e poi muore. Si previene l'ernia usando sementi di varietà resistenti ed evitando di coltivare sullo stesso terreno qualsiasi tipo di crocifera prima che siano trascorsi almeno 7 anni. La correzione del terreno con calce è una buona prevenzione nei confronti della malattia, in quanto l'acidità del terreno è una delle cause che la favoriscono.

Altre malattie di origine fungina sono la **peronospora**, la **ruggine bianca delle crocifere**, la **nebbia** o **mal bianco**, il **marciume secco delle crocifere**. L'**alternariosi del cavolo** o disseccamento delle foglie esterne si presenta con maculature nerastre, tondeggianti, che provocano la marcescenza delle piante colpite in presenza di forte umidità. La lotta si basa sulla sospensione della coltivazione di crocifere per 3-4 anni sullo stesso terreno, distruzione delle piante infette, sterilizzazione della semente in bagno d'acqua calda a 45 °C per 30 minuti, scelta di sementi garantite.

A SINISTRA: *una piantina colpita da ernia.*
SOPRA E A DESTRA: *danno (1) da larva di cavolaia (2) e farfalla adulta (3).*

CECE

CICER ARIETINUM • FAMIGLIA: LEGUMINOSE

VARIETÀ Per l'alimentazione umana si coltivano le varietà a seme giallo; quelle a seme rosso o nero sono destinate ai mangimi per animali.

CLIMA E TERRENO È una pianta con radici profonde, rustica e resistente alla siccità. Cresce bene nelle zone a clima caldo e secco del Sud e del Centro Italia, anche a quote elevate (fino a 2.400 m di altitudine). Vegeta bene in terreni leggeri, profondi, si adatta tuttavia anche a quelli ghiaiosi o un po' compatti, purché non argillosi o freddi. Non sopporta il calcare e il salmastro.

AVVICENDAMENTO Nell'orto il cece convive con vantaggio reciproco insieme a mais, cipolla e patata.

CONSOCIAZIONE È una coltura da rinnovo, coltivata prima di altre specie che sfruttano molto il terreno.

AVVERSITÀ

Tra i parassiti animali, sono da ricordare la larva di *Heliotis armigera*, la **cocciniglia farinosa**, la **mosca minatrice** e *Callosobruchus chinensis*, parassita delle granaglie immagazzinate.

Tra le malattie crittogamiche si ricordano la **rabbia** o **antracnosi del cece** che si manifesta su tutti gli organi aerei con macchie brune, **fusariosi**, **verticillosi**, **sclerotinia**, **marciume radicale** e **ruggine del cece**.

SEMINA Nelle zone a inverno mite, la semina avviene in autunno o a febbraio.

Si semina a 4-6 cm di profondità a righe semplici, distanti 30-40 cm tra loro, o a postarelle di 3-4 semi ognuna, distanti 50-60 cm.

CONCIMAZIONI E CURE COLTURALI Il cece si avvantaggia di una buona preparazione del terreno con una concimazione a base di fosforo e potassio e gradisce frequenti sarchiature nelle prime fasi vegetative e qualche irrigazione in caso di siccità prolungata. Quando le piante hanno raggiunto 20-25 cm di altezza, è utile effettuare una rincalzatura.

RACCOLTA Le piante vanno estirpate in giugno-luglio quando sono secche. La produzione di semi è di 10-15 kg/100 mq. Se conservati con cura all'asciutto, i semi dopo tre anni germinano ancora al 60%. La vegetazione secca è utile nel compostaggio ma può essere rivoltata direttamente nella terra dell'orto.

CETRIOLO

CUCUMIS SATIVUS • FAMIGLIA: CUCURBITACEE

VARIETÀ Le diverse varietà di cetriolo si distinguono per dimensioni, forma, colore e utilizzo (sostanzialmente da insalata o da sottaceti). Il cetriolo è una specie con fiori maschili e femminili portati sulla stessa pianta, ma i nuovi ibridi F1, migliorati e più produttivi, portano esclusivamente fiori femminili.

CLIMA E TERRENO Predilige i climi temperato-caldi, esige una quantità di umidità costante, ma teme i ristagni d'acqua. Il terreno deve essere fertile, profondo, di medio impasto, ben esposto e con un pH leggermente acido.

AVVICENDAMENTO Coltura da rinnovo, non va piantato nello stesso terreno prima che siano trascorsi 3-4 anni.

CONSOCIAZIONE Positiva la consociazione con lattuga, cavoli, piselli, fagioli. Sconsigliata invece quella con la patata.

SEMINA In semenzaio a letto caldo da fine inverno con trapianto a dimora quando le piantine hanno un mese. In estate si può seminare direttamente nell'orto, ponendo 3-4 semi a un paio di centimetri di profondità in ogni buchetta alla distanza di 50-70 cm sulla fila e 1-1,3 m tra le file.

CONCIMAZIONI E CURE COLTURALI Si distribuiscono 4-5 q/100 mq di letame interrandolo con una lavorazione profonda. Si concima anche con fosforo (3-5 kg/100 mq di farina d'ossa). Le cure colturali si basano su frequenti annaffiature, diradamento delle piantine, pacciamatura per trattenere l'umidità nel terreno, cimatura sopra la quarta foglia per anticipare la produzione dei fiori e quindi dei frutti. Se dotati di tutore, i cetrioli possono crescere verticali risparmiando spazio nell'orto.

RACCOLTA A scalare nell'arco di circa 60 giorni, prima che i frutti abbiano raggiunto il massimo del loro sviluppo e presentino una colorazione verde lucente.

AVVERSITÀ

Oltre agli **acari**, i parassiti del cetriolo sono le larve di **maggiolino**, il **grillotalpa**, le **nottue** e gli **elateridi**.

Può venire attaccato inoltre da **ticchiolatura, tracheomicosi** e **peronospora**, che si manifesta nelle estati umide e si diffonde rapidamente. Si previene piantando varietà resistenti, distruggendo residui e piante infette, lasciando circolare l'aria nei tunnel di semina ed evitando di bagnare le foglie.

Foglie con danni da oidio

Foglie con virosi del cetriolo

CICORIE E RADICCHI

CICHORIUM INTYBUS • FAMIGLIA: COMPOSITE

VARIETÀ Le varietà di cicoria sono moltissime e si distinguono in base al colore delle foglie, all'epoca di maturazione, alle modalità di raccolta (da taglio o da cespo).

Tra le varietà più importanti sono da ricordare la "Cicoria di Bruxelles" (o "Witloof") a cespo verde, ma commercializzata dopo imbianchimento; il "Grumolo biondo" e "verde"; la "Catalogna brindisina" e quella a foglie larghe "del Veneto" e "da Puntarelle"; il "Pan di Zucchero" a cespo verde chiaro. Numerose e tipicamente italiane le varietà a cespo con foglie rosse, chiamate radicchi: "di Treviso", "Variegato di Castelfranco", "di Verona", "di Chioggia", "Orchidea". Altre cicorie sono la "Spadona" a cespo verde, la "Zuccherina di Trieste" a foglie dolci verde chiaro e, infine, la "Cicoria di Soncino", della quale si utilizzano le radici.

CLIMA E TERRENO Tutte le cicorie rivelano una buona adattabilità a diversi tipi di clima e terreno. Sono resistenti sia alla siccità sia alle gelate, ma mal sopportano i ristagni d'acqua.

AVVICENDAMENTO Le cicorie non dimostrano particolari problemi a seguire o a precedere numerose specie orticole e sono quindi da ritenersi colture intercalari.

CONSOCIAZIONE In particolare con carota, fagiolo rampicante, fava, finocchio, lattuga, pisello, pomodoro.

SEMINA Per le cicorie da taglio la semina avviene direttamente nell'orto, a spaglio, lungo tutto l'arco dell'anno eccettuati i mesi più freddi. Indicativamente i radicchi rossi si seminano all'inizio dell'estate, fatta eccezione per quello "di Chioggia" che si può seminare da inizio primavera a luglio; la "Cicoria di Bruxelles" da fine inverno ad agosto; la "Catalogna" da marzo a maggio. Le cicorie da cespo si seminano a dimora o in semenzaio con successivo trapianto all'emissione dell'ottava foglia. La profondità di semina è di 0,5-1 cm, la distanza media di impianto di 20-30 cm sulla fila e di 30-40 cm tra le file. Le cicorie con voluminosa radice a fittone vanno seminate direttamente a dimora.

CONCIMAZIONI E CURE COLTURALI Letame o composto devono essere perfettamente maturi, altrimenti possono provocare marciumi.

Le cure colturali prevedono irrigazioni regolari e ripetute nei primi stadi di crescita, dalla semina al trapianto e nelle stagioni calde e siccitose; sarchiature e zappettature per arieggiare il terreno e liberarlo dalle infestanti; diradamento durante la crescita.

La tecnica dell'imbianchimento consente di ottenere cespi teneri e dolci. Dopo la raccolta, conservando una porzione consistente di radice a fittone, alla "Cicoria di Bruxelles" si recidono le foglie a 2-3 cm sopra il colletto. Quindi si pongono le piante al buio, in ambiente non freddo, all'interno di cassoni profondi 30-40 cm. Si ricoprono i cespi con uno strato di 20-25 cm di terra umida. Sfruttando le sostanze di riserva accumulate nella radice, le piante emettono nuove foglie bianche, tenere e croccanti.

I radicchi rossi, invece, dopo la rimozione delle foglie più esterne vanno raggruppati in mazzi di 30-40 cespi e posti verticali al buio, ricoprendoli con paglia, terra o film plastico nero e mantenendo umida la radice, senza bagnare le foglie per non provocare marcescenze.

Cicorie e radicchi richiedono frequenti sarchiature per limitare lo sviluppo delle infestanti.

RACCOLTA I radicchi rossi "di Verona", "di Treviso" e il "Variegato di Castelfranco" si raccolgono da novembre a tutto inverno, quello "di Chioggia" da ottobre a marzo. Le cicorie da cespo vanno raccolte quando si forma la "palla" compatta, in genere in autunno, mentre le cicorie coltivate per le radici si tolgono dal terreno da fine autunno a inizio primavera. Le varietà di cicoria da taglio possono essere raccolte a più riprese per un lungo periodo, recidendo la parte aerea della pianta poco sopra il colletto.

Radicchio rosso di Verona

AVVERSITÀ

Tra i parassiti animali sono quelli generici dell'orto: larve di **maggiolino**, **grillotalpa**, **afidi**, **nottua**, **nematodi**.

Tra le malattie fungine è pericolosa la **peronospora**, che si manifesta sulle foglie esterne prossime al terreno con macchie giallognole o decolorate alle quali corrispondono sulla pagina inferiore formazioni di muffa feltrosa biancastra. Si previene con opportune rotazioni, eliminando piante e parti infette, evitando ristagni di umidità e scegliendo varietà resistenti. La lotta diretta si basa sull'impiego di ossicloruro di rame o di una soluzione idroalcolica di propoli addizionata a sulfar.

Il **mal bianco delle composite** si riconosce dalle macchie biancastre polverulente sulla pagina superiore delle foglie, che ingialliscono e seccano. Un modo di prevenire questa malattia crittogamica è l'uso di letame o composto perfettamente maturi. La lotta diretta avviene con decotto d'equiseto e silicato di sodio (0,5-1%) o, nei casi più gravi, con fungicidi a base di zolfo.

Indivia o cicoria belga

Radicchio di campo

CIPOLLA

ALLIUM CEPA • FAMIGLIA: LILIACEE

Cipolla dorata

VARIETÀ Le numerose varietà in commercio si differenziano per forma e dimensioni del bulbo (piccolo o grande, tondo, piatto, fusiforme), per il colore della tunica esterna (gialla, bianca, rossa), per la destinazione d'uso (conservazione, consumo fresco). Inoltre, a seconda del ciclo di coltivazione, le cipolle si dividono in precoci, semiprecoci e tardive.

Pur essendo una specie a se stante, e non una varietà di cipolla, lo scalogno (*Allium ascalonicum*) richiede cure colturali simili.

CLIMA E TERRENO Predilige climi temperato-caldi, ma ha buona adattabilità al freddo. Il terreno deve essere sciolto, leggero, privo di ristagni d'acqua e povero di sostanza organica; da evitare quelli eccessivamente umidi.

AVVICENDAMENTO Può essere coltivata dopo la patata, il pomodoro, il pisello, la fava, il cetriolo. Non ripetere la coltura nella stessa parcella prima di 4 anni.

CONSOCIAZIONE Carota, lattuga, melanzana, peperone, pomodoro, spinacio.

SEMINA L'epoca di semina varia a seconda della destinazione del prodotto. Le cipolle per sottaceti vanno seminate direttamente nell'orto a fine inverno-inizio primavera a spaglio o a file. Le cipolle primaverili-estive da consumo fresco vanno seminate in semenzaio in agosto-settembre o in febbraio-marzo.

Si può procedere al trapianto quando le piantine hanno un diametro di qualche millimetro (in ottobre-novembre o inizio primavera), alla distanza di 15 cm sulla fila e di 30 cm tra le file. Si possono anche seminare direttamente nell'orto alla profondità di 1-2 cm e alla distanza di 20 cm sulla fila e di 35 cm tra le file.

AVVERSITÀ

Lo scalogno è caratterizzato da bulbi piccoli, più o meno rosei e di forma allungata, a seconda della varietà ("Francese", "Russo", "Tondo Olandese", "Romagnolo" ecc.). Si fa apprezzare per il **sapore più delicato**, meno intenso, di quello della cipolla, ma si coltiva allo stesso modo.

Scalogno

Cipolline borrettane

Le cipolle non necessitano di alcuna cura, ma nei periodi molto umidi conviene scalzare le piante per evitare possibili marciumi. Pare che piegare le foglie qualche settimana prima della raccolta favorisca l'ingrossamento dei bulbi.

RACCOLTA Le cipolle da conservazione si raccolgono in luglio-agosto allorché le foglie seccano naturalmente. I bulbi si lasciano asciugare per qualche giorno al sole o in luogo aerato. Le cipolle primaverili-estive da consumo fresco si raccolgono da aprile a luglio, a scalare. Quelle per sottaceti da luglio a settembre. Lo scalogno viene raccolto alla fine di luglio o in agosto allorché, similmente alla cipolla, presenta l'apparato aereo secco.

La cipolla tende a differenziare lo scapo fiorale e a emettere la tipica infiorescenza sferica quando si piantano bulbi troppo voluminosi oppure se le ore di luce sono ridotte a causa di perturbazioni persistenti.

Nel caso dello scalogno si consiglia di procedere alla semina dei bulbilli in aprile, in quanto le piante ottenute da seme tendono ad andare a fiore, cioè "montano" facilmente.

Anche la coltura della cipolla può partire, per comodità e per anticipare il raccolto, da bulbilli di diametro inferiore a 2 cm. Si interrano nell'orto da ottobre a marzo. Distanze e cure sono le stesse delle piantine nate da seme.

CONCIMAZIONI E CURE COLTURALI La concimazione è simile a quella dell'aglio: va evitato assolutamente l'uso di letame o composto fresco e assolutamente limitato l'uso di quello maturo. La cipolla ha forti esigenze di potassio, per cui occorre somministrane sotto forma di fertilizzante minerale, meglio ancora con ceneri di legna (5 kg/100 mq) o patentkali (2-3 kg/100 mq).

AVVERSITÀ

Tra i parassiti animali della cipolla si ricordano la **mosca della cipolla** che si combatte spargendo fiori di zolfo o fuliggine tra le file. Le **anguillule** si combattono bruciando le parti colpite ed evitando di piantare cipolle nella stessa parcella per almeno 6 anni. La **tignola**, il **punteruolo**, la **criocera** attaccano le foglie. Tra le crittogame, possono colpire la cipolla la **peronospora**, la **ruggine** e la **muffa nera**. Infine si segnala una virosi, il **mosaico della cipolla**.

danni e larva di mosca della cipolla

ENDIVIA

CHICORIUM ENDIVIA LATIFOLIUM E *C. ENDIVIA CRISPUM* • FAMIGLIA: COMPOSITE

CLIMA E TERRENO Predilige climi temperati, anche se dimostra una discreta resistenza al freddo; non sopporta la siccità. I terreni migliori sono quelli di medio impasto, privi di ristagni d'acqua e ricchi di sostanza organica.

AVVICENDAMENTO Si consiglia di non ripetere la coltura sullo stesso appezzamento prima che siano trascorsi 3 anni. Può precedere cipolle invernali, patate, pomodori.

Endivia scarola

CONSOCIAZIONE Meglio evitare la coltivazione dell'endivia con cavoli, fagioli rampicanti, finocchi. Al contrario, è da favorire l'associazione con cicoria e porri.

SEMINA Può essere effettuata direttamente a dimora durante l'estate oppure in semenzaio con successivo trapianto quando le piantine hanno emesso la quarta foglia, alla distanza di 25-30 cm sulla fila e 40-50 cm tra le file. La profondità di semina è di 1 cm.

CONCIMAZIONI E CURE COLTURALI Si interra abbondante letame, badando che sia molto maturo e non fresco e mal decomposto.

Seminando a dimora si dovrà poi diradare in modo che tra una pianta e l'altra ci sia un intervallo di 15 cm e tra le file 20-30 cm.

Discrete e costanti annaffiature sono necessarie durante tutto il ciclo di coltivazione. Scerbature e zappettature servono ad arieggiare il terreno e tenerlo sgombro dalle infestanti.

L'imbianchimento dei cespi si ottiene coprendo i cespi con tunnel di film plastico nero o legando le foglie.

Un sistema di imbianchimento artigianale, ma efficace, consiste nel coprire i cespi di endivia riccia con un vaso di terracotta rovesciato. Si dovrà usare l'avvertenza di oscurare con un sassolino o un coccio il foro di drenaggio.

RACCOLTA A scalare in autunno, a mano a mano che i cespi raggiungono le misure tipiche della varietà.

Il diradamento delle piantine appena germogliate si effettua non appena presentano la terza-quarta foglia.

AVVERSITÀ

Le malattie fungine e i parassiti dell'endivia sono trattati nelle schede lattuga e cicoria.

ERBE AROMATICHE

CLIMA E TERRENO La maggior parte delle erbe aromatiche gradisce clima temperato caldo e terreno asciutto e non troppo fertile. Soltanto con queste condizioni ambientali si ottiene la massima concentrazione di essenze odorose.

AVVICENDAMENTO Avendo scarse esigenze circa il terreno, le erbe aromatiche possono rappresentare l'ultima coltura prima del rinnovo del ciclo.

CONSOCIAZIONE Crescono bene accanto a quasi tutti gli ortaggi perché, avendo potere repellente, li proteggono da molti parassiti animali.

SEMINA Si seminano a inizio primavera sia le specie annuali (aneto, pimpinella, basilico, cerfoglio, coriandolo ecc.), sia biennali (prezzemolo, angelica) e perenni (rosmarino, salvia, timo, melissa, menta, origano, santoreggia ecc.). Queste ultime possono essere riprodotte più rapidamente per talea (*vedi Rosmarino e salvia*).

CONCIMAZIONI E CURE COLTURALI Quasi tutte le erbe aromatiche crescono meglio in terreno sabbioso, non concimato, asciutto, molto ben drenato ed esposto in pieno sole. Fanno eccezione il basilico, la menta e il prezzemolo, che vanno piantati in terra soffice, fresca e arricchita con letame maturo. Durante la coltivazione si abbia cura di mantenere il terreno libero dalle erbacce e di eliminare prontamente fiori appassiti, foglie e rami secchi, così da stimolare la nuova vegetazione.

RACCOLTA A scalare durante tutta la buona stagione secondo necessità (fiori, foglie o rametti a seconda della specie). Per l'essiccazione e per l'impiego in tisane curative conviene però raccogliere le erbe aromatiche in giugno (periodo in cui è massima la presenza di aromi al loro interno), recidendo gli steli con le foglie a due terzi dell'altezza.

Borragine

Basilico

Menta

Melissa

AVVERSITÀ

Raramente le erbe aromatiche vengono attaccate da parassiti animali o fungini, proprio in virtù del loro contenuto di essenze.

FAGIOLO E FAGIOLINI

Phaseolus vulgaris • Famiglia: Leguminose

VARIETÀ Le numerosissime varietà di fagiolo possono suddividersi, in base al portamento, in nani e rampicanti.
Entrambi i gruppi comprendono fagioli mangiatutto a baccelli verdi, gialli o viola, e fagioli da sgusciare con differente colore dei semi (bianco, rosso, nero, screziato).
Le varietà si differenziano poi anche per il ciclo produttivo che può essere precoce, semiprecoce o tardivo.

CLIMA E TERRENO Richiede terreno di medio impasto, profondo, drenato, con pH da leggermente acido a neutro. Inadatti oltre ai suoli calcarei, compatti, argillosi, mal drenati, anche quelli sabbiosi, perché in caso di siccità possono provocare stress idrici alle piante di fagiolo in produzione.

AVVICENDAMENTO Si può considerare una pianta da rinnovo e può precedere molti ortaggi.
La coltivazione dei fagioli non deve seguire quella di piselli e cetrioli per evitare la trasmissione di marciumi.

CONSOCIAZIONE Bietola, cavolo, lattuga, pomodoro, ravanello, rapa. Sfavorevole invece la consociazione con aglio, cipolla e pisello.

SEMINA Al Nord a primavera affermata, al Sud già da fine inverno. Le distanze mutano a seconda delle varietà: 6-7 cm sulla fila e 60 cm tra le file quelle nane; 20 cm sulla fila e fino a 1 m tra le file quelle rampicanti. La profondità di semina è di 3-5 cm. La germinazione è più rapida se si tengono in ammollo i fagioli in acqua una notte per intenerire il tegumento.

Una pianta di fagiolo (in alto). Fagiolini (a destra). I fagioli (sotto) possono essere consumati freschi, appena sgranati, oppure dopo essiccazione.

CONCIMAZIONI E CURE COLTURALI È consigliabile concimare con letame la coltura che precede: al fagiolo giova molto la fertilità residua e in ogni caso non abbisogna della componente azotata del letame. Importante invece una discreta somministrazione di fertilizzante fosfopotassico, anche sotto forma di cenere di legna, in ragione di 5-10 kg/100 mq.

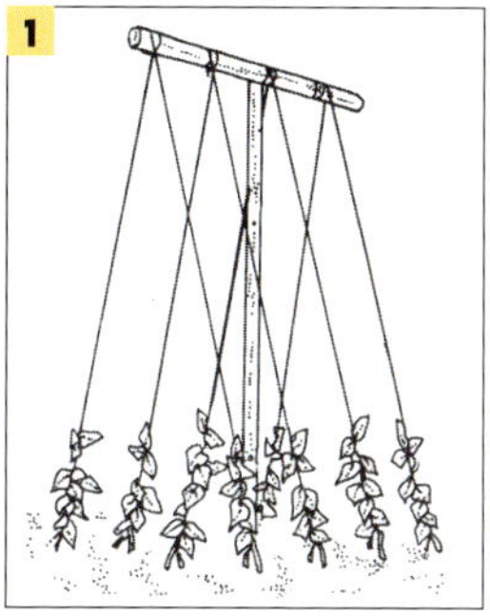

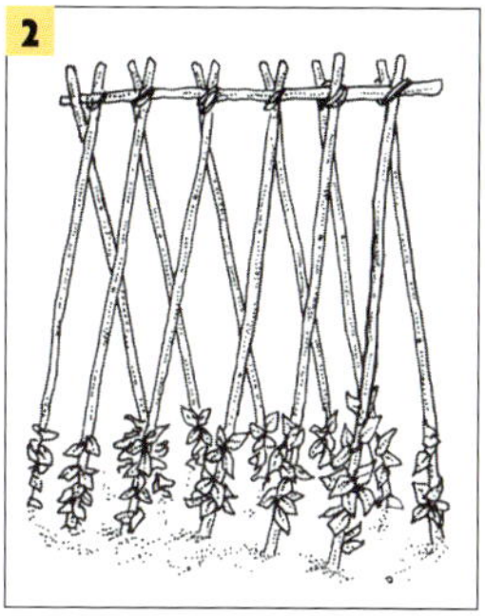

Sostegni per le varietà rampicanti: con fili (1) e con pertiche (2).

Oltre alle predisposizioni di idonei sostegni per le varietà rampicanti, la cura colturale principale consiste in una leggera rincalzatura a inizio ciclo produttivo. Le annaffiature facilitano la germinazione e aumentano la produzione di baccelli se somministrate nel periodo della fioritura.

RACCOLTA È differenziata a seconda del tipo di fagiolo e dell'uso. I mangiatutto o fagiolini si staccano prima che il baccello ingrossi e diventi filoso. I fagioli da granella si raccolgono allorché i baccelli sono quasi secchi, oppure scalarmente, per il consumo fresco, quando i semi sono completamente ingrossati, ma il baccello è ancora tenero.

Fagioli secchi

AVVERSITÀ

Tra i parassiti animali dei fagioli si segnalano **tonchio**, **afidi**, **cecidomia**, **cimici**, **tripidi**, **altica** e **nottue**, tra le crittogame la **muffa grigia**, il **mal del piede** e l'**antracnosi**. Lo sviluppo di quest'ultimo fungo (che colpisce tutte le parti della pianta, penetrando sino ai semi) è favorito da tempo fresco e umido. Si previene con corrette rotazioni, evitando semine troppo fitte e usando varietà resistenti.

L'umidità agevola anche gli attacchi di **ruggine**, più frequente nelle varietà nane. Le piante che presentano pustole rugginose su foglie e bacelli vanno trattate con poltiglia bordolese e farina di rocce.

Il virus del **mosaico** si evidenzia con pustole gialle sulle foglie: gli esemplari colpiti vanno prontamente estirpati e bruciati.

Ingrandimento delle lesioni provocate da un attacco di ruggine su una foglia.

FAVA

VICIA FABA • FAMIGLIA: LEGUMINOSE

CLIMA E TERRENO Vuole clima mite: se la temperatura scende al di sotto dei -5 °C, la pianta può morire. Teme anche la siccità prolungata. Gradisce il terreno di medio impasto, ma è adattabile ad altri tipi di terreno, purché non siccitosi o soggetti a ristagni.

AVVICENDAMENTO Coltura da rinnovo, la fava va utilizzata come inizio della rotazione.

CONSOCIAZIONE Con la lattuga e, all'inizio del ciclo vegetativo, anche con la patata.

SEMINA A fine inverno al Nord e in autunno nelle regioni meridionali. Seminare a 4-8 cm di profondità, a 15-25 cm sulla fila e a 50-70 cm tra le file.

CONCIMAZIONI E CURE COLTURALI Non serve la concimazione di fondo con letame, mentre è utile un apporto fosfo-potassico (*vedi Fagiolo*). Per quanto riguarda le cure colturali, si interviene con la rincalzatura per proteggere la pianta dal freddo e favorire l'emissione di nuove radici e con la cimatura degli steli quando le piante sono in fiore per avvantaggiare la produzione di baccelli.

RACCOLTA Differenziata a seconda dell'uso. I semi secchi si raccolgono nella prima estate, mentre quelli destinati al consumo fresco in primavera, prima che siano del tutto maturi.

La rincalzatura è tra le pratiche colturali consigliate per la fava.

AVVERSITÀ

Gli **afidi** possono provocare estesi dissecamenti. La lotta preventiva prevede l'asportazione di apici fortemente infestati, pacciamatura del terreno e riduzione delle concimazioni azotate. La lotta biologica si attua con irrorazioni di macerato di **ortica** o di **assenzio** addizionati con lo 0,3% di sapone in pasta diluito in acqua nella proporzione di 1:5; ripetere le irrorazioni per tre giorni consecutivi.

Tra le malattie crittogamiche la **ruggine** che si manifesta con piccole chiazze rugginose sulle foglie.

foglia infestata da afidi della fava

FINOCCHIO

FOENICULUM VULGARE DULCE • FAMIGLIA: OMBRELLIFERE

VARIETÀ Non numerose, le varietà si differenziano essenzialmente per il ciclo colturale, che può essere breve (finocchio estivo) o lungo (finocchio tardivo).

CLIMA E TERRENO Predilige clima temperato-caldo, mal sopporta le temperature basse, pericolosi i freddi intensi. Il terreno deve essere ricco di sostanza organica, sciolto, profondo, senza ristagni d'acqua, ben esposto al sole.

AVVICENDAMENTO Segue le colture che completano il ciclo nella prima metà dell'estate.

CONSOCIAZIONE Buona con lattuga, pisello, porro, cicoria, cetriolo. Da evitare con fagiolo e rapa.

SEMINA Può essere attuata, a spaglio o a file, in letto caldo d'inverno, oppure senza protezioni in estate. Il trapianto nell'orto avviene 30-40 giorni dopo la semina. Si può anche seminare direttamente a dimora in gennaio-febbraio per la produzione estiva, oppure in luglio-agosto per quella autunnale. La profondità di semina è di circa 1 cm, la distanza sulla fila è di 20 cm e di 60 cm tra le file.

CONCIMAZIONI E CURE COLTURALI La concimazione di fondo va fatta con letame maturo, meglio ancora se distribuito alla coltura che precede quella del finocchio. Le cure colturali consistono nel diradamento delle piantine e in annaffiature di soccorso, soprattutto d'estate, perché il finocchio necessita di una buona disponibilità di acqua nel terreno. La rincalzatura permette di imbianchire e rendere più teneri i grumoli; va eseguita quando il grumolo ha raggiunto la grossezza di una piccola mela. Nei finocchi a raccolto invernale serve anche per proteggere la pianta dal freddo.

RACCOLTA A scalare recidendo i grumoli nel punto d'attacco con la radice ed eliminando le foglie.

AVVERSITÀ

Tra i parassiti animali, oltre a **topi** e **lumache**, possono provocare danni i **nematodi**, le larve di **maggiolino**, il **grillotalpa**, *Depressaria nervosa*, la **psilla**, che attacca le foglie.
Tra le crittogame da segnalare i **marciumi**, l'**antracnosi**, il **seccume**. È pericoloso anche un batterio, *Erwinia carotovora*, che fa marcire l'interno del grumolo.

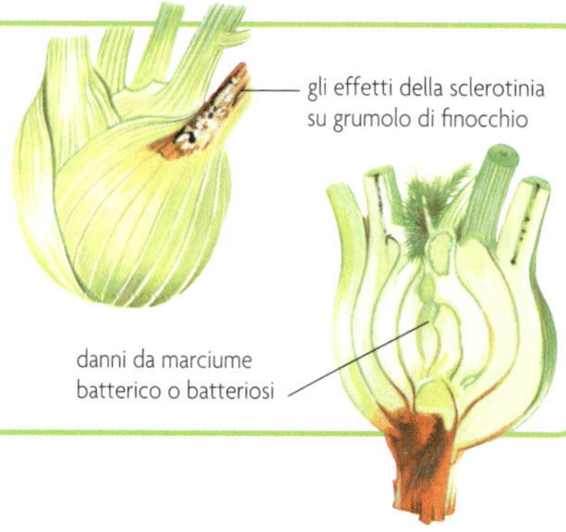

LATTUGA

LACTUCA SATIVA • FAMIGLIA: COMPOSITE

VARIETÀ Le diverse varietà si differenziano per la forma del cespo (a palla più o meno compatta, allungata, a rosetta semplice, a foglie singole), per il tipo di foglie (croccanti o tenere, lisce o bollose). Inoltre, a seconda del ciclo colturale è possibile distinguere lattughe primaverili, estive, autunnali e invernali.

CLIMA E TERRENO Pur dimostrando buona adattabilità a svariate situazioni climatiche, quasi tutte le varietà di lattuga prediligono i climi temperati e sopportano malamente situazioni sia di freddo intenso sia di caldo secco.

Il terreno deve essere ben dotato di sostanza organica, esente da ristagni d'acqua, ma irriguo, con pH leggermente acido o neutro. La lattuga cappuccio in genere ha minori esigenze rispetto ad altre varietà, quale la lattuga romana.

AVVICENDAMENTO Le lattughe devono considerarsi colture da rinnovo e come tali sono idonee ad aprire una rotazione. Non devono comunque seguire colture da foglia, che sfruttano gli stessi elementi minerali del terreno (bietole, spinaci, cavoli, rucola ecc.).

CONSOCIAZIONE Le lattughe crescono bene associate a numerosi ortaggi: carota, barbabietola, cetriolo, mais, melone, cipolla, porro, ravanello, pisello, fava, fagiolo. Si consiglia di non ripetere la coltura nello stesso terreno prima che siano trascorsi 3 anni.

SEMINA Avviene a 1-2 cm di profondità in semenzaio caldo o freddo nei periodi meno favorevoli, altrimenti direttamente nell'orto. Le piantine vanno trapiantate dopo circa 30 giorni alla distanza di 25 cm circa sulla fila e di 40 cm tra le file.

CONCIMAZIONI E CURE COLTURALI La concimazione di fondo avviene con abbondante letame o composto maturo.

Le cure prevedono annaffiature regolari, diradamento delle colture troppo fitte e, per la lattuga romana, l'imbianchimento mediante legatura superiore delle foglie.

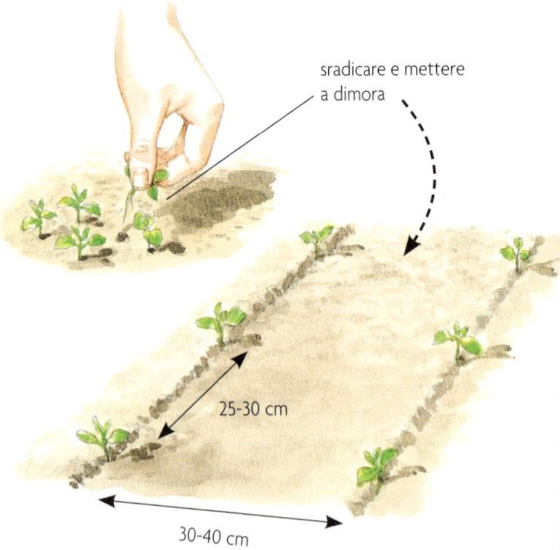

Il trapianto si effettua a 30-40 giorni dalla semina, quando le piantine hanno raggiunto 5-7 cm d'altezza e presentano almeno 4-6 foglie.

RACCOLTA Si effettua a scalare, man mano che i cespi raggiungono le dimensioni proprie della varietà.

In genere si raccoglie separando il cespo dal fittone in vicinanza del colletto e scartando le foglie più esterne. Le lattughe da taglio vanno invece raccolte di continuo, tagliando le foglie alla base, per un periodo di circa due mesi. Oltre questo periodo la produzione diminuisce ed è di qualità scadente, ciò che suggerisce l'avvio di una nuova semina.

Con un semplice accorgimento è possibile conservare in cantina sino a febbraio le lattughe raccolte prima del gelo. È sufficiente prelevare ogni cespo con il suo pane di terra e riporlo in cassette, annaffiando di tanto in tanto.

La lattuga con cespo a rosetta può essere sia a foglia verde sia a foglia rossa.

AVVERSITÀ

Tra i parassiti animali segnaliamo gli **afidi** che attaccano le foglie e le radici. La difesa preventiva consiste nell'uso moderato di fertilizzanti azotati, che favoriscono l' infestazione. Altri parassiti animali sono la **mosca degli orti**, le larve di maggiolino, la **nottua**, il grillotalpa, le lumache ecc.

Pustole gialle sulle foglie dichiarano la presenza di una **virosi**, il mosaico della lattuga; le piante colpite vanno bruciate.

Lattuga romana

Tra le crittogame sono più pericolose la **peronospora**, il **mal bianco**, la **ruggine**, l'antracnosi, la cercospora, l'alternariosi. La sclerotinia della lattuga o marciume del colletto diventa evidente in prossimità della raccolta con la morte delle foglie esterne; le radici infette e il colletto appaiono ricoperti da una muffa biancastra punteggiata di nero. Si previene evitando il contatto con il terreno, arieggiando tunnel e serre, impiegando varietà resistenti, distribuendo **polvere di litotamnio** nelle buchette di trapianto o lungo i solchi. La lotta diretta avviene con ossicloruro di rame. La **muffa grigia** della lattuga si manifesta con un marciume molle che in seguito ospita una muffa grigia. Si combatte con semine non troppo fitte, irrigazioni moderate e il trapianto in terreno non umidi né freddo.

Lattuga brasiliana

LENTICCHIA

Ervum lens • Famiglia: Leguminose

CLIMA E TERRENO Al pari della fava predilige il clima temperato. Il terreno, meglio se collinare, deve essere sciolto, sabbioso, ottimamente drenato.

AVVICENDAMENTO Coltura da rinnovo, da inizio rotazione.

CONSOCIAZIONE Poco frequente la coltivazione con altri ortaggi.

SEMINA A fine inverno al Nord e in autunno al Sud, con distanza di 6-8 cm sulla fila e 30-35 cm tra le file, a una profondità non superiore ai 2 centimetri.

CONCIMAZIONI E CURE COLTURALI Il terreno va e arricchito con fertilizzanti ricchi di fosforo e potassio (*vedi fagiolo*). Le cure colturali, eccettuata la cimatura, sono le stesse della fava.

RACCOLTA In giugno-luglio prima che la pianta secchi.

AVVERSITÀ

La lenticchia soffre delle stesse avversità del cece e delle altre leguminose. Per evitare i danni del tonchio, è utile esporre al sole le lenticchie appena colte, chiuse in un vaso di vetro. Nei disegni, larva di tonchio in una lenticchia svuotata quasi completamente (1) e adulto appena sfarfallato (2).

1

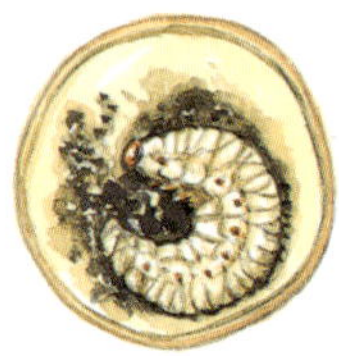

2

MAIS DOLCE

ZEA MAIS SACCHARATA E Z. M. EVERTA • FAMIGLIA: GRAMINACEE

CLIMA E TERRENO Preferisce i climi miti e i terreni freschi, esposti al sole e alle correnti di aria. Il vento infatti è direttamente responsabile dell'impollinazione e di conseguenza della formazione dei chicchi commestibili.

AVVICENDAMENTO Coltura da rinnovo, da inizio rotazione.

CONSOCIAZIONE Crea associazioni benefiche in particolare con i vari tipi di fagiolo, zucchina, zucca, melone oppure cetriolo.

SEMINA Da metà aprile a inizio giugno, quando la temperatura si attesta attorno a valori di 20-22 °C. Si semina a postarelle a intervalli di 30 cm sulla fila e di 40-50 cm tra le file. Dopo la germinazione in ogni buchetta si lascia solo la piantina più vigorosa.

CONCIMAZIONI E CURE COLTURALI Il terreno va arricchito con grandi quantità di letame o composto maturo addizionato con fertilizzanti minerali ricchi di fosforo e potassio.

Diradamento e sarchiatura per impedire la competizione delle erbacce sono le cure necessarie nei primi stadi di crescita. In piena estate è poi utile intervenire con periodiche annaffiature di soccorso in caso di siccità, eventualmente coprendo con una pacciamatura di paglia il terreno perché si mantenga fresco e umido.

RACCOLTA Le varietà precoci da mensa si raccolgono a partire da agosto, prima che le pannocchie siano completamente mature e la "barba" diventi bruna. Quelle da pop-corn vanno invece lasciate sulla pianta sino a metà autunno e poi ritirate in un ambiente ventilato dove possano terminare l'essiccazione.

Pianta di mais dolce (SOPRA) e pannocchie al naturale (SOTTO).

AVVERSITÀ

Sensibile alla **siccità estiva** e, in alcune annate particolari, agli attacchi di **insetti** che depongono le uova nelle pannocchie con i chicchi in formazione, in generale il mais dolce si comporta da pianta vigorosa, a rapida produzione.

MELANZANA

SOLANUM MELONGENA • FAMIGLIA: SOLANACEE

VARIETÀ Le diverse varietà di melanzana si distinguono principalmente per la taglia, per la forma del frutto (ovale, tondo, allungato) e per il colore della buccia (bianco, giallastro, viola, striato).

CLIMA E TERRENO Teme il gelo e l'umidità, ama le primavere dolci e le estati calde. Il terreno deve essere profondo, ricco di sostanza organica, fertile, fresco, meglio se con pH neutro. Sfavorevoli quelli compatti.

AVVICENDAMENTO La melanzana può essere considerata una pianta da rinnovo, ossia un ortaggio con cui aprire un nuovo ciclo colturale.

CONSOCIAZIONE Favorevole con cavolo, finocchio, lattuga.

SEMINA In semenzaio riscaldato, a fine inverno al Centro-Nord e in inverno al Sud. Quando le piantine hanno 4 foglie e hanno raggiunto i 6-7 cm di altezza, si fanno irrobustire ripichettate singolarmente in vasetti di torba o in vivaio. Soltanto a circa 10-12 settimane dalla semina si procede alla piantagione definitiva nell'orto, distanziando le piantine di 50 cm sulla fila e di 70 cm tra le file.

CONCIMAZIONI E CURE COLTURALI Si prepara il fondo interrando 3 q di letame o composto per 100 mq di orto.

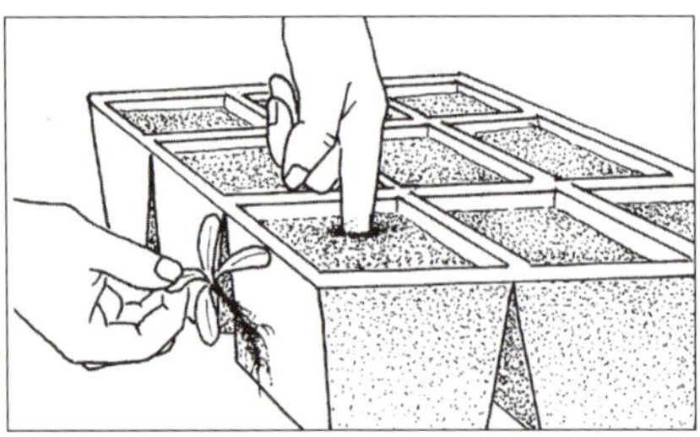

Le piantine da semenzaio possono essere piantate in vasetti di torba prima di trasferirle a dimora un mese dopo. A DESTRA: *varietà "Black beauty".* IN ALTO: *varietà "Violetta lunga di Napoli".*

Per ottenere frutti più grandi, quando le piantine hanno superato i 25 cm di altezza, si asporta l'apice (A); successivamente si cima l'apice dei getti laterali e quindi si staccano i getti secondari (c).

L'irrigazione deve essere costante sia in semenzaio sia a dimora: prima dell'allegagione dei frutti si annaffia con frequenza. Durante l'operazione occorre evitare di bagnare le foglie per non creare zone umide favorevoli allo sviluppo delle malattie crittogamiche. Altre pratiche utili sono il diradamento dei semenzali, una rincalzatura qualche settimana dopo il trapianto e la cimatura. La pacciamatura estiva con paglia o composto maturo riduce la presenza di erbe infestanti e conserva fresco il terreno durante i periodi più caldi.

RACCOLTA Scalarmente sino alle soglie dell'autunno prima della maturazione completa dei frutti, che devono presentare la polpa ancora soda e compatta e i semi all'interno ancora in formazione.

AVVERSITÀ

Così come le altre solanacee (*vedi anche* patata, peperone e pomodoro), la melanzana è esposta a parassiti quali **dorifora**, **tripidi**, **aleurodidi**, **ragnetto rosso**, **afidi** e **cimici**. Malattie crittogamiche come la **botrite** e i **marciumi basali** possono essere limitate evitando ristagni di umidità nel terreno e sulle foglie e seminando rado. L'accumulo di umidità e lo scarso ricambio d'aria sono anche causa dell'**alternariosi**, un fungo che permane nel terreno, sui residui delle piante infette e sui semi contaminati. In genere colpisce le piante adulte, provocando su foglie e frutti macchie necrotiche lacerate al centro. Prevenire con ampie rotazioni evitando che la coltura della melanzana segua cucurbitacee e altre solanacee e, in caso di attacco grave, trattare con solfato di rame.

Botrite e alternariosi sono tra le avversità più temibili. I disegni mostrano foglie colpite da alternariosi (1) e botrite su frutto (2).

MELONE

Cucumis melo • Famiglia: Cucurbitacee

VARIETÀ Numerose sono le varietà di melone, che si possono raggruppare in tre gruppi principali: i meloni cantalupo o zatta (dimensioni medie, buccia liscia, molto costoluti, rezzati, polpa rosa-arancio, poco conservabili); i meloni d'inverno (dimensioni grandi, buccia liscia o rugosa, polpa bianco-verde o arancio, molto conservabili); i retati o americani (dimensioni medie, buccia fittamente retata, polpa verde chiaro-rosa salmone, molto resistenti a trasporto e malattie).

Melone d'inverno

CLIMA E TERRENO Esige clima caldo e terreno di medio impasto, profondo e permeabile, ben esposto in pieno sole, privo di ristagni d'acqua e arricchito di sostanza organica.

AVVICENDAMENTO Pianta da rinnovo che apre una rotazione. È bene non ripetere la coltura sullo stesso terreno prima che siano trascorsi 4 anni.

CONSOCIAZIONE È possibile coltivare il melone insieme con altri ortaggi a ciclo breve, ma solo all'inizio del suo sviluppo.

SEMINA Da febbraio ad aprile in semenzaio a letto caldo, o a fine primavera a postarelle nell'orto, interrando a 2-3 cm di profondità 4-5 semi in buchette distanziate di 80-100 cm sulla fila e 150 cm tra le file. Il trapianto si attua all'emissione della quarta foglia, dopo circa un mese dalla semina.

CONCIMAZIONI E CURE COLTURALI Il melone richiede un'abbondante concimazione di fondo: 5 q/100 mq di letame o composto interrato per tempo con la vangatura e un consistente apporto di minerali fosfatici e potassici, anche sotto forma di farina di rocce (20 kg/100 mq) o litotamnio (5 kg/100 mq).

La prima cura colturale consiste nel diradamento quando le piantine sono alte 15-20 cm, lasciandone 1 o 2 per buca. In seguito bisogna provvedere a discrete annaffiature, salvo sospenderle alla raccolta per migliorare la qualità e la conservabilità dei frutti. Si può eseguire una pacciamatura con film plastico nero o paglia allo scopo di combattere le infestanti, mantenere fresco il terreno e impedire il contatto dei frutti con la terra.

La cimatura del melone non è indispensabile, ma affretta l'emissione dei rami di terzo ordine che portano i fiori femminili fecondi. All'emissione della quarta foglia si cima lo stelo subito sopra la seconda foglia; all'ascella delle due foglie rimaste si formeranno due nuovi rami secondari che, quando avranno emesso la quinta foglia, verranno recisi subito sopra la terza foglia. Per ogni pianta si lasciano sviluppare da 2 a 6 frutti, avendo cura di cimare il ramo sopra la prima foglia che si sviluppa dopo il frutto.

RACCOLTA A scalare quando il peduncolo comincia a screpolarsi; contemporaneamente

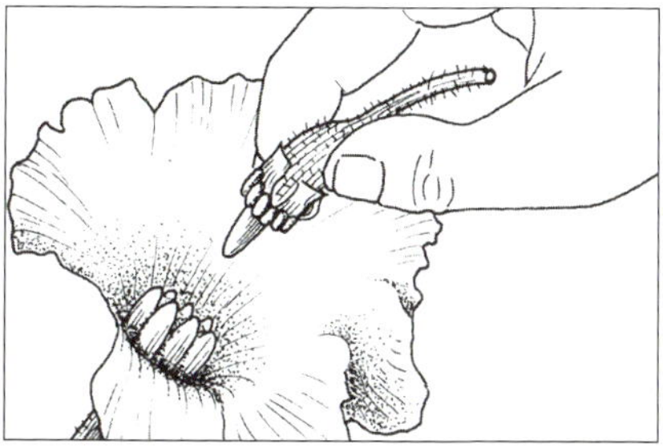

Allo scopo di favorire la fecondazione del melone coltivato in serra o tunnel, si strofina delicatamente il fiore maschile (opportunamente privato dei petali) all'interno di quello femminile.

la scorza prende il colore tipico della varietà e cede a una leggera pressione delle dita. A questo stadio di maturazione il frutto emana un profumo intenso e gradevole. La raccolta avviene tagliando il peduncolo a 4-5 cm dall'inserzione.

Meloni retati

AVVERSITÀ

Il **ragnetto rosso** provoca chiazze di colore chiaro sulle foglie e ne causa il disseccamento. Tra gli altri parassiti animali ci sono **elateridi**, **nottua**, **afidi**, **tipula**, larve di **maggiolino**, **coccinella** del melone, **grillotalpa**.

Tra le crittogame più pericolose segnaliamo: la **peronospora**, che attacca foglie e frutti, la **ticchiolatura**, l'**antracnosi**, l'**oidio**, la **tracheofusariosi** del melone. In quest'ultimo caso l'attacco sui manifesta in prefioritura con ingiallimenti e appassimenti fogliari seguiti da disseccamento e comparsa di una muffa rosea; i frutti colpiti evidenziano marciumi in prossimità dell'inserzione del peduncolo. La lotta è basata sull'uso di varietà resistenti ed evitando alle piantine lesioni radicali durante il trapianto.

Il **nerume delle cucurbitacee**, infine, colpisce soprattutto i frutti maturi, manifestandosi con zone marcescenti di diversa misura ricoperte da uno strato di muffa nerastra. La lotta preventiva si basa sulla tempestiva raccolta dei frutti matur e l'altrettanta pronta eliminazione di quelli eventualmente malati. Inoltre si devono limitare gli interventi irrigui.

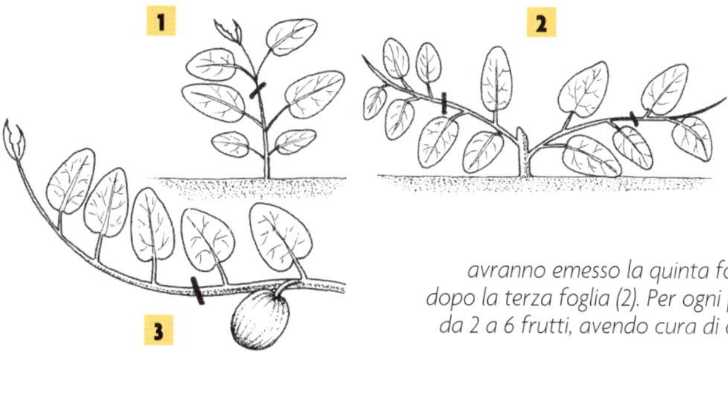

Cimatura del melone: all'emissione della quarta foglia si asporta l'apice subito sopra la seconda foglia (1). All'ascella delle due foglie rimaste si svilupperanno due nuovi rami che, quando avranno emesso la quinta foglia, verranno cimati subito dopo la terza foglia (2). Per ogni pianta si lasciano sviluppare da 2 a 6 frutti, avendo cura di cimare sopra la prima foglia cresciuta dopo il frutto (3).

PATATA

Solanum tuberosum • Famiglia: Solanacee

VARIETÀ Le patate possono distinguersi a seconda della forma (tonda o oblunga), del colore della polpa (bianca o gialla) e della buccia (gialla o rosso-violetta) e infine della consistenza (soda o farinosa). In base al ciclo vegetativo si distinguono poi patate precoci, medio-precoci, medio-tardive e tardive.

CLIMA E TERRENO Cresce bene nei climi temperati, anche se si adatta a condizioni differenti. Comunque il gelo danneggia il fogliame e arresta lo sviluppo dei tuberi, mentre la siccità estiva limita la resa.

Il terreno deve essere di medio impasto, ricco di humus, potassio e fosforo, con pH leggermente acido.

AVVICENDAMENTO Poiché esige una buona lavorazione del terreno e una buona concimazione organica, nell'orto si presta ad aprire una rotazione. Si consiglia di attendere 5 anni prima di ripetere la coltura nello stesso appezzamento.

CONSOCIAZIONE Buoni risultati di coltivazione con cavoli, fagioli, fave, finocchi, piselli.

SEMINA Occorre utilizzare tuberi da semina garantiti o provenienti dalla montagna, poiché in questo caso sono più resistenti alle virosi trasmesse dagli afidi.

Per la semina si possono utilizzare patate pregermogliate fuori terra e alla luce. In questo modo si può verificare se i tuberi sono sani e si riduce leggermente il ciclo vegetativo, consentendo un raccolto più precoce.

Le patate utilizzate come seme non devono essere molto grosse e 4-5 giorni prima della semina possono essere tagliate in 2-3 parti mantenendo per ogni porzione non meno di tre gemme, chiamate "occhi". Questa pratica fa risparmiare semente e sollecita la formazione degli steli, tuttavia può agevolare l'insorgenza di marciumi.

La semina si effettua da marzo ad aprile con distanze di circa 70 cm tra le file, 30-40 cm sulla fila e a 10 cm di profondità.

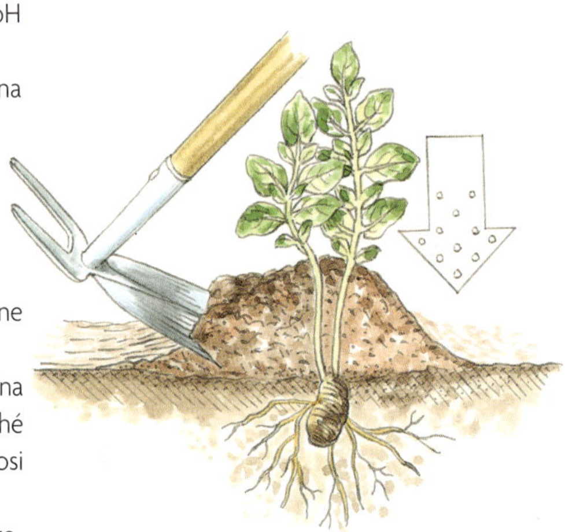

Le patate vanno rincalzate alla base allo scopo di proteggere i tuberi in formazione.

CONCIMAZIONI E CURE COLTURALI Il terreno deve essere lavorato profondamente e concimato in autunno-inverno con letame maturo. Dosi eccessive di letame stimolano lo sviluppo dell'apparato aereo a danno dei tuberi e rendono più sensibile questa coltura agli attacchi di peronospora.

Invece di usare letame, si può preparare il terreno con il sovescio (veccia, erbai, senape) da interrare superficialmente circa un mese prima della semina. Ai terreni acidi si possono distribuire scorie Thomas, ceneri di legna e fosforiti, mentre a quelli calcarei giova una concimazione supplementare con fosphal.

La patata teme la concorrenza delle infestanti, che vanno eliminate con idonee scerbature e gradisce frequenti rincalzature al colletto, che aumentano la produzione di tuberi.

Discrete annaffiature, senza eccedere per non provocare pericolosi ristagni e conseguenti marciumi, garantiscono un raccolto abbondante.

Patata rossa

RACCOLTA Si portano alla luce le patate, con l'aiuto della forca, quando il fogliame è pressoché secco e si lasciano asciugare per una giornata al sole.

Le patate vanno immagazzinate in un locale buio e non gelivo: la luce fa germogliare gli occhi (filatura) e stimola la formazione di solanina, un alcaloide amaro e velenoso che rende verde la buccia. Per evitare questo inconveniente può rivelarsi utile spolverare le patate con cenere di legna.

AVVERSITÀ

La **dorifora** divora le foglie e può distruggere interi raccolti; si combatte con la cattura diretta degli adulti e delle larve, con l'eliminazione dei residui infestati e con trattamenti specifici. Il **grillotalpa** è uno dei più grossi e voraci insetti che da metà marzo a metà novembre, di notte, attacca i tuberi. Si combatte con esche avvelenate dopo aver annaffiato il terreno per indurre questo parassita a uscire dalla tana. La **tignola** depone le uova su foglie, steli, tuberi; in seguito le larve attaccano i tuberi scavandovi gallerie.

Tra le crittogame assai temibili sono l'**alternariosi** e la **peronospora**; la prima è un fungo che causa macchie tondeggianti, brune, su vegetazione e tuberi; si combatte con la poltiglia bordolese a base di rame. Lo stesso trattamento è utile contro la peronospora, che può distruggere l'intero raccolto. Sui bordi e all'apice delle foglie compaiono macchie giallastre (macchie d'olio) che dilagano, mentre nei tuberi si formano parti scure e amare che lo rendono inservibile.

Evidenti danni da peronospora su tuberi.

PEPERONE

Capsicum annuum • Famiglia: Solanacee

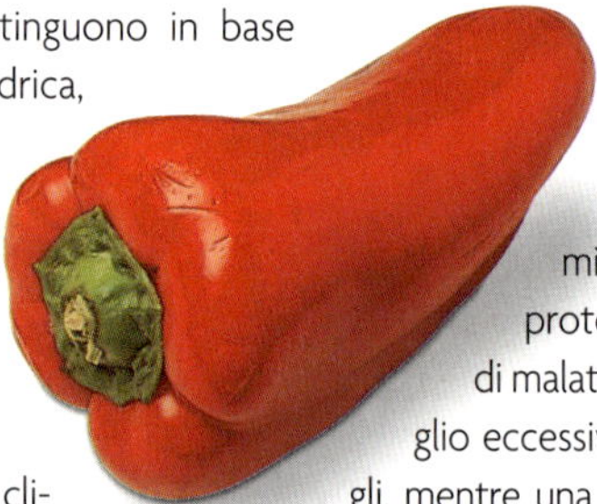

VARIETÀ I peperoni si distinguono in base alla forma (allungata, cilindrica, triangolare, quadrata, a sigaretta ecc.), al colore (giallo, verde, rosso), alla destinazione d'uso (da conservazione, da essiccazione ecc.).

CLIMA E TERRENO Richiede clima temperato-caldo e terreno fertile, di medio impasto, ben drenato e dotato di sostanza organica.

CONCIMAZIONI E CURE COLTURALI Pianta esigente, il peperone richiede una buona concimazione organica a base di letame maturo o composto interrati con largo anticipo. La necessità di microelementi può essere soddisfatta somministrando farina di rocce (20 kg/100 mq) o litotamnio (5 kg/100 mq).

Le cure colturali prevedono irrigazioni non eccessive ma costanti; scerbature per eliminare le infestanti; zappettature per arieggiare il terreno. Occorrerà inoltre eseguire una rincalzatura qualche settimana dopo il trapianto per stimolare l'emissione di radici avventizie e proteggere il colletto dall'attacco di malattie fungine. Nel caso di un rigoglio eccessivo si asporta parte dei germogli, mentre una limitata soppressione dei fiori serve a favorire l'ingrossamento delle bacche.

SEMINA Avviene a fine inverno in semenzaio in letto caldo, a spaglio o a file distanziate 8-10 cm. Il trapianto va effettuato a fine primavera, quando non ci sono più pericoli di gelate, a seconda delle zone più o meno calde, quando le piantine hanno emesso la quinta foglia. Va rispettata la distanza di 30-40 cm sulla fila e di 60 cm tra le file.

RACCOLTA I frutti maturano scalarmente, ma le varietà verdi (spesso più piccanti) o

Piccoli e piccanti

Sottospecie (*C. annuum acuminatum*) di origine sudamericana, il peperoncino rosso – apprezzato nella gastronomia di tutto il mondo per l'aroma piccante – conta centinaia di varietà differenti. Essendo sensibile alle basse temperature, nei climi temperati viene coltivato come **annuale**, pur essendo una pianta perenne. Si moltiplica da seme in marzo in ambiente protetto; si procede poi al trapianto a dimora alla comparsa della quinta foglia, lasciando circa 30-40 cm tra una pianta e l'altra. Le cure colturali non si differenziano da quelle per il peperone.

Si raccolgono le **bacche** a completa maturazione, asportando anche parte del picciolo, e si conservano essiccate.

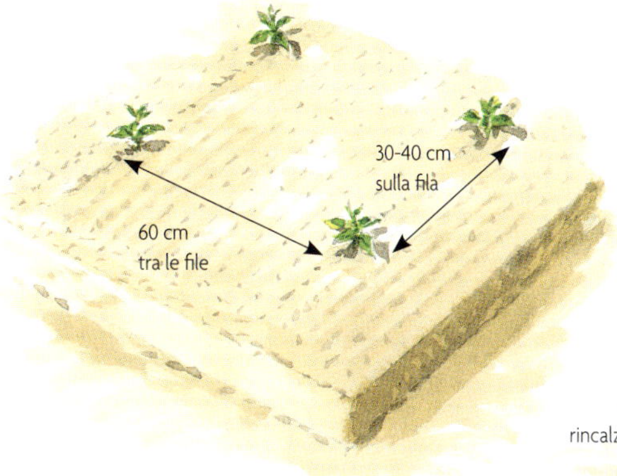

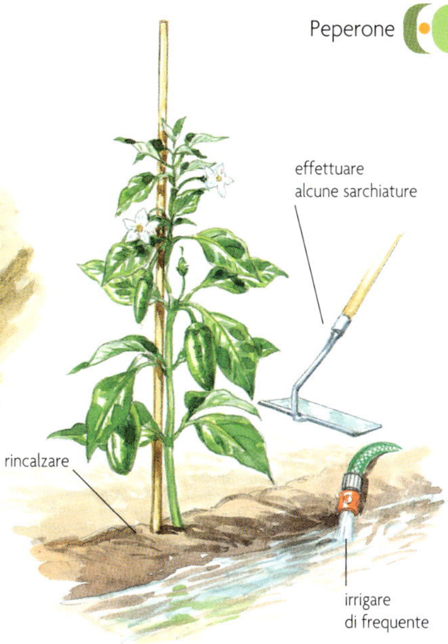

SOPRA: al momento del trapianto, le piantine vanno messe a dimora rispettando ben precise distanze.
A DESTRA: nel corso della coltivazione è opportuno rincalzare le piante e irrigarle di frequente.

giallo chiarissimo, al contrario di quelli rossi e gialli, vengono raccolti ancor prima della completa maturazione, appena raggiungono le dimensioni tipiche. Anche i peperoni a sigaretta, da friggere, vanno raccolti e quindi consumati ancora immaturi.

AVVERSITÀ

Tra i parassiti animali è pericolosa la **piralide** perché fora i frutti danneggiandoli all'interno ed esponendo le piante a infezioni batteriche. Si previene evitando la vicinanza al mais e si combatte con preparati a base di *Bacillus thuringiensis*.
Tra le crittogame, la più temibile è la **peronospora**, che si previene utilizzando seme sano, prevedendo ampie rotazioni (4 anni), assicurando alle colture drenaggio e arieggiamento ed eliminando subito i frutti infetti.
Temibile è anche l'**antracnosi** che si combatte con trattamenti a base di rame. La coltivazione del peperone lontana da quella del fagiolo è un'utile pratica preventiva.

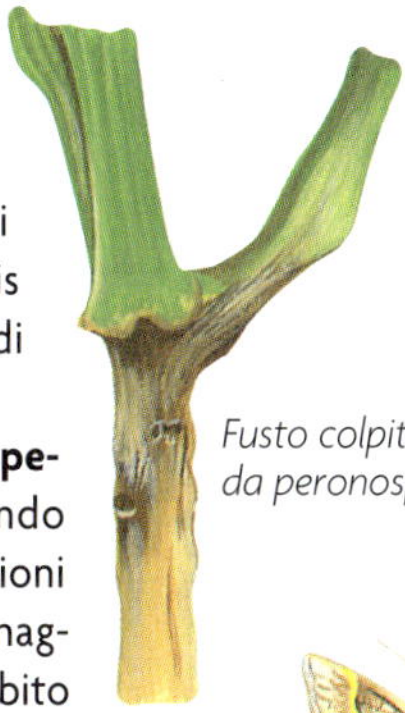

Fusto colpito da peronospora.

Danni da larva di piralide (1) e adulto del parassita (2).

PISELLO E TACCOLA

Pisum sativum e *P. sativum macrocarpon* • Famiglia: Leguminose

VARIETÀ Si distinguono piselli a seme liscio (adatti alla semina autunnale in quanto resistenti all'umidità), a seme grinzoso (per la semina primaverile poiché temono il freddo e resistono meglio ai primi caldi) e mangiatutto o taccole. Inoltre le varietà si distinguono, in base al portamento, in nane (da 35 a 50 cm), mezza rama o seminane (da 70 a 130 cm circa), rampicanti (da 130 a 180 cm circa).

CLIMA E TERRENO Benché non sia particolarmente esigente, il pisello predilige i terreni di medio impasto, freschi e profondi, con pH appena acido o tendente a neutro; teme i ristagni d'acqua. Il clima ideale è quello temperato; sopporta bene il freddo, soffre la siccità e le temperature elevate che stimolano la fioritura anticipata a scapito della qualità del prodotto.

AVVICENDAMENTO La coltivazione del pisello (o di altre leguminose) non va ripetuta sullo stesso appezzamento per 3-4 anni.

CONSOCIAZIONE Buona con carota, cavolo, lattuga, patata, rapa, ravanello, sedano. È sconsigliata invece con aglio, cipolla, prezzemolo.

SEMINA Si semina in autunno-inverno o nella primissima primavera interrando i semi a 5 cm di profondità distanziati di 2-10 cm sulla fila. L'intervallo tra le file varia in base al vigore varietale: 1 m circa per le varietà rampicanti, 70 cm per quelle mezza rama e 40-60 cm per le varietà nane.

La sarchiatura consiste nel rompere la crosta superficiale del terreno, eliminando le erbe infestanti.

La rincalzatura, cioè la copertura della base della pianta con la terra dell'interfila, è un'utile protezione.

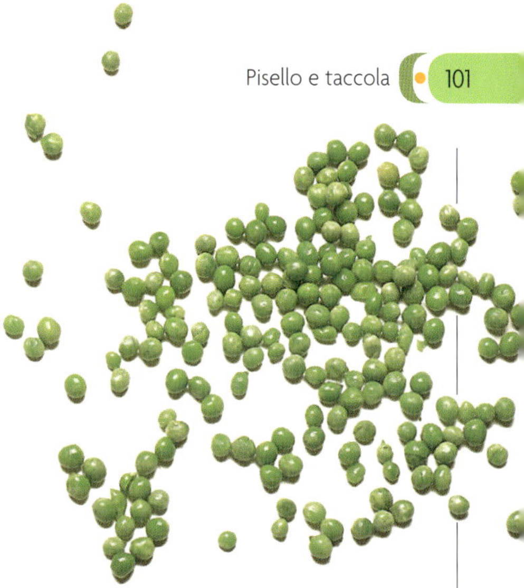

CONCIMAZIONI E CURE COLTURALI La concimazione di fondo è simile a quella delle altre leguminose. Il pisello fa tesoro della fertilità residua lasciata dalle colture precedenti. Le cure colturali prevedono annaffiature all'epoca della fioritura se il clima è asciutto, periodiche rincalzature e predisposizione di sostegni con reti in plastica o ramaglie.

RACCOLTA Differenziata a seconda della destinazione d'uso. Il pisello da consumo fresco va raccolto scalarmente quando il baccello è turgido e pieno e un seme schiacciato tra le dita non si divide in due né ha consistenza farinosa. La raccolta regolare dei baccelli stimola la pianta alla formazione di nuovi frutti. Per i piselli destinati al consumo secco la raccolta si esegue falciando la pianta quando i legumi sono quasi completamente secchi, ma prima che si aprano disperdendo il seme a terra. Le piante andranno poi essiccate in un luogo apposito e i semi raccolti.

I piselli mangiatutto vanno sempre raccolti quando il baccello è ben sviluppato ma ancora tenero e al suo interno i semi sono appena accennati.

Taccola o pisello mangiatutto

AVVERSITÀ

Oltre ai parassiti specifici delle leguminose, sono dannose le larve del **tonchio**, che scavano gallerie nei semi e la **tortrice**, che depone le uova all'interno dei baccelli: una volta nate, le larve forano il seme, svuotandolo. Tra le crittogame ricordiamo la **muffa dei baccelli**, la **peronospora**, l'oidio, il **vaiolo**. Tra tutte l'**oidio** è la più pericolos; si combatte con zolfo bagnabile, ma soprattutto evitando di bagnare il fogliame quando il clima è caldo-afoso.

POMODORO

SOLANUM LYCOPERSICUM • FAMIGLIA: SOLANACEE

VARIETÀ Le numerose varietà di pomodoro si possono raggruppare in due grandi categorie: da tavola per il consumo fresco e da conserva per pelati, concentrati ecc. Nel primo gruppo si distinguono poi varietà nane, a crescita definita e a crescita indefinita; con frutti di pezzatura grossa, media e ciliegini, infine di diverso colore (rosso, nero, giallo, bianco, rosa ecc.) e forma (tondo, allungato, a pera, a lampadina, costoluto ecc.).

CLIMA E TERRENO Il clima ideale è temperato-caldo: è un ortaggio assai sensibile al freddo, che però mal sopporta anche i climi eccessivamente aridi.

Per quanto riguarda il terreno, il pomodoro necessita di una buona fertilità organica e minerale, ma è adattabile riguardo al pH.

AVVICENDAMENTO Nell'orticoltura estensiva il pomodoro è considerato una pianta da rinnovo, coltivata per prima nella rotazione agraria. Negli orti famigliari può precedere cipolle, lattughe, spinaci.

CONSOCIAZIONE Buona con diverse colture orticole, tra le quali cavolo, cicoria, lattuga, prezzemolo, sedano.

SEMINA Si esegue in semenzaio a letto caldo a fine inverno, procedendo poi al trapianto in marzo in tunnel per colture anticipate o in aprile-maggio direttamente a dimora nell'orto. Le distanze d'impianto nell'orto dipendono dalla varietà e sono comprese tra 70-120 cm tra le file e 30-60 cm sulla fila. Per ottenere buoni risultati è importante scegliere semente selezionate di varietà resistenti a virosi e tracheomicosi.

Secondo il calendario biodinamico – seguito da agricoltori che impiegano tecniche di coltivazione biologica – il pomodoro andrebbe seminato due giorni prima della luna piena. In tal modo si otterrebbero produzioni più abbondanti.

La cimatura verde, che ha lo scopo di favorire la formazione dei frutti, consiste nell'eliminazione dei getti che si formano all'ascella delle foglie e alla base della pianta.

CONCIMAZIONI E CURE COLTURALI Il terreno va arricchito con abbondante letame maturo, interrato profondo (il pomodoro ha un apparato radicale molto sviluppato) e con una concimazione fosfopotassica, preferibilmente con polvere d'ossa, scorie Thomas, fosforiti, patentkali, ceneri di legna.

Al momento della piantagione a dimora si devono predisporre tutori in bambù, plastica o metallo, ai quali le piante possano appoggiarsi.

Durante la crescita di tanto in tanto è necessario legare la vegetazione con legacci di rafia o plastica.

D'estate bisogna intervenire con annaffiature quanto più regolari possibile per evitare dannosi squilibri idrici, senza bagnare le foglie per impedire attacchi di malattie crittogamiche.

Altre pratiche colturali sono il diradamento dei semenzali, eliminando le piantine più deboli; la rincalzatura per favorire l'emissione di radici superficiali; la scacchiatura per asportare i getti laterali che sottrarrebbero energia a scapito della produzione di frutti. Infine è utile la cimatura, cioè l'asportazione della parte terminale del fusto e dei rami per limitare lo sviluppo della pianta in altezza e anticipare la maturazione delle bacche.

Una pratica interessante è la pacciamatura che consiste nel ricoprire il terreno attorno alle piante con paglia o film plastico nero allo scopo di mantenere l' umidità nel terreno, inibire lo sviluppo delle infestanti e impedire che i frutti dei palchi più bassi vengano a diretto contatto con il terreno.

RACCOLTA A maturazione della bacca (totale colorazione rossa) per i pomodori da conserva, prima (maturazione appena rosata) per quelli da mensa.

AVVERSITÀ

Tra i parassiti animali si segnalano **dorifora** (*vedi patata*), **nottua**, **nematodi**, **afidi** e **vasate del pomodoro** o **acaro rugginoso**. È questo un ragnetto che causa l'avvizzimento delle foglie, che assumono un colore bronzeo.

Tra le malattie crittogamiche, oltre l' **alternariosi** e la **peronospora**, ricordiamo il mal del piede, causato da un fungo che attacca il colletto e si manifesta in presenza di forte umidità. Le piantine ammalate devono essere estripate e bruciate. Si manifesta in modo simile anche la **moria delle piantine**.

La **cladosporiosi** colpisce spesso il pomodoro e si evidenzia con tacche alle quali corrisponde una muffa grigiastra sulla pagina inferiore della foglia. Si combatte con trattamenti a base di poltiglia bordolese.

Altre crittogame che attaccano il pomodoro sono: la **tracheofusariosi**, la **septoriosi** e il **marciume apicale** favorito da squilibri idrici, ristagni d'acqua e concimazioni squilibrate.

PORRO

Allium porrum • Famiglia: Liliacee

VARIETÀ Si distinguono porri estivi (semina gennaio-marzo, raccolta maggio-agosto); autunnali (semina febbraio-marzo, raccolta agosto-ottobre); invernali (semina aprile-maggio, raccolta novembre-marzo); bastoncino (semina a settembre, raccolta aprile-maggio).

CLIMA E TERRENO Sopporta bene anche il freddo e gradisce i terreni di medio impasto, fertili, ricchi di sostanza organica, freschi, profondi e ben drenati.

AVVICENDAMENTO Non deve seguire cavolo e patata. Non si consiglia di coltivarlo nello stesso appezzamento prima che siano trascorsi 4 anni.

CONSOCIAZIONE Buona con cavolo, finocchio, lattuga, ma in particolare con la carota perché preserva entrambi gli ortaggi dalla rispettiva mosca.

SEMINA In semenzaio (a letto caldo in dicembre-gennaio o all'aperto in marzo-giugno e settembre); direttamente a dimora nell'orto (da marzo a luglio, alla profondità di circa 1 cm).

CONCIMAZIONI E CURE COLTURALI Richiede un'abbondante concimazione con letame o composto maturo e un'integrazione con fertilizzanti minerali. Le cure colturali prevedono irrigazioni dopo il trapianto, diradamento, scerbature e zappature per mantenere arieggiato il terreno. Inoltre, trenta giorni prima della raccolta è bene effettuare una rincalzatura per favorire l'imbianchimento.

Le piantine di porro cresciute in semenzaio vanno poi piantate in piena terra, in file regolari.

RACCOLTA Ha inizio quando i porri hanno raggiunto il massimo ingrossamento, circa 5-6 mesi dopo la semina.

AVVERSITÀ

Vedi quelle di aglio e cipolla, oltre alla **tignola**. Tra le crittogame, il **cancro** causa deformazioni e spaccature; si combatte con trattamenti a base di poltiglia bordolese.

danni e larva di tignola del porro

PREZZEMOLO

PETROSELINUM SATIVUM • FAMIGLIA: OMBRELLIFERE

CLIMA E TERRENO Pur adattandosi al freddo, il prezzemolo predilige i climi temperati. Cresce bene in terreno di medio impasto, ricco di sostanza organica e un po' calcareo.

AVVICENDAMENTO Non deve succedere o precedere ortaggi della famiglia delle ombrellifere (carote). Con gli altri ortaggi non presenta particolari problemi.

CONSOCIAZIONE Con cipolla, lattuga, ravanello, spinacio.

SEMINA Direttamente nell'orto da febbraio a settembre, distribuendo i semi superficialmente a spaglio. Può essere seminato anche a file, distanziando di 2-4 cm sulla fila e di 20 cm tra le file.

CONCIMAZIONI E CURE COLTURALI Il terreno va concimato a fondo con letame e composto, che collabora a mantenere fresco il substrato. Sono comunque necessarie annaffiature costanti e qualche intervento di rimozione delle erbacce.

RACCOLTA A scalare prelevando le foglie più sviluppate e recidendo il picciolo a pochi centimetri dalla base. Si possono effettuare parecchi raccolti sino alla primavera seguente, quando le piante andranno a fiore e dovranno essere sostituite.

VARIETÀ Esiste anche il prezzemolo a grosse radici, il quale sviluppa un fittone di notevoli dimensioni, che per il suo sapore aromatico svolge la stessa funzione delle foglie. La sua coltivazione è diffusa nelle zone particolarmente fredde dove si immagazzina la radice per consumarla d'inverno.

AVVERSITÀ

Tra i parassiti animali ricordiamo **psilla**, **afidi**, **larve** di **maggiolino** e di **elateridi** che attaccano le radici e il colletto delle piante. Crittogame dannose sono la **peronospora**, l'**alternariosi**, la **ruggine**, l'**oidio**, la **ticchiolatura**, la **septoriosi** e la **cercospora**, un fungo che attacca le foglie causando pustole con un alone rossastro. Si combatte con poltiglia bordolese.

Prima dell'inverno si può trapiantare qualche ciuffo di prezzemolo in un vaso da tenere a portata di mano.

RAPA

Brassica rapa • Famiglia: Crocifere

VARIETÀ I diversi tipi di rapa si differenziano per forma (tonda, allungata, piatta) e colore della radice (bianca, violacea) e per epoca di produzione (precoci o tardive). Le cime di rapa sono l'infiorescenza di una varietà particolare.

CLIMA E TERRENO Poco indicate le zone calde e asciutte, mentre sono favorevoli i climi temperato-umidi. Il terreno ideale è di medio impasto, calcareo, ricco di sostanza organica e ben drenato.

AVVICENDAMENTO Può seguire le coltivazioni di pisello, cicoria e lattuga, cipolla, cavolo ecc.

CONSOCIAZIONE Si associa bene a bietola da coste e da taglio, lattuga, pisello, pomodoro, spinacio.

SEMINA Nell'orto a spaglio o a file continue da aprile a settembre. La distanza sulla fila è di 20 cm, tra le file 30 cm.

CONCIMAZIONI E CURE COLTURALI Un'accurata concimazione di fondo con composto o letame maturo giova alla produzione. Le cure colturali prevedono irrigazioni nella prima fase di sviluppo delle piantine e nei periodi estivi siccitosi, oltre al diradamento quando le piantine hanno quattro foglie.

RACCOLTA Va distinta a seconda che interessino le radici, oppure le cime di rapa, ossia le infiorescenze e le foglie più tenere. Le radici si raccolgono scalarmente da settembre a primavera quando hanno un'apprezzabile calibratura; le cime di rapa o broccoletti si raccolgono a seconda del ciclo di maturazione dopo poco più di un mese fino a 4 mesi dalla semina.

Cime di rapa

AVVERSITÀ

Vedi quanto scritto per le altre crocifere e per il ravanello.

RAVANELLO

RAPHANUS SATIVUS PARVUS • FAMIGLIA: CROCIFERE

VARIETÀ Le diverse varietà di ravanello si distinguono per la forma della radice (tonda, oblunga, allungata) per il suo colore esterno (diverse gradazioni di rosso, bianco), e per l'epoca di maturazione.

CLIMA E TERRENO Teme la siccità e predilige il clima fresco. Cresce bene nei terreni piuttosto sciolti, ben drenati e soleggiati.

AVVICENDAMENTO Può succedere o precedere molti ortaggi.

CONSOCIAZIONE Buona con molti ortaggi, tra cui asparago, cavolo, cipolla, fagiolo, pisello. Pare che la consociazione con lattuga e crescione renda più dolce il ravanello, mentre la vicinanza del cerfoglio può contribuire ad aumentarne la piccantezza.

SEMINA Generalmente a spaglio a dimora da fine inverno a tutta la primavera e poi nel primo autunno, a intervalli di 2-3 settimane. Per facilitare la rimozione delle erbacce, si può seminare a file, in solchi profondi 1,5 cm, distanti 15 cm tra loro. Le varietà precoci possono essere seminate d'inverno in serra o tunnel.

CONCIMAZIONI E CURE COLTURALI Si consiglia di distribuire concime organico alla coltura che precede il ravanello. Attenzione: eccessi di azoto (elemento contenuto nel letame) possono spaccare le radici.

Durante la coltivazione sarà utile diradare le semine troppo fitte, irrigare con continuità e tenere sgombro il terreno dalle infestanti.

RACCOLTA Prima che il ravanello raggiunga la sua massima grandezza, altrimenti si possono verificare delle spaccature all'interno della radice e la polpa può perdere croccantezza e sapore.

Nelle zone a clima mite le radici possono svernare sul terreno con la sola protezione di paglia, erba secca o altri semplici ripari. Altrimenti si possono stratificare in cassette di legno piene di sabbia (o terriccio) mantenuta leggermente umida.

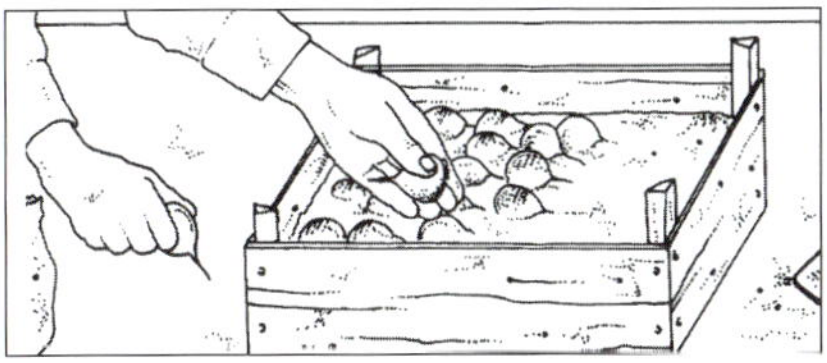

Dopo la raccolta i ravanelli si possono conservare stratificandoli in cassette di legno piene di sabbia o terriccio leggermente umido.

AVVERSITÀ

Tra i parassiti animali ci sono il **grillotalpa**, gli **afidi**, la nottua, le mosche, l'altica. Quest'ultima fora le foglie giovani. Crittogame pericolose sono la **peronospora**, l'ernia, il **mosaico**, la vaiolatura, la ruggine bianca attaccano il ravanello senza provocare danni gravi a causa del ciclo breve di coltivazione.

ROSMARINO E SALVIA

Rosmarinus officinalis e *Salvia officinalis* • famiglia: Labiate

CLIMA E TERRENO Rosmarino e salvia sono due specie aromatiche arbustive della famiglia delle labiate e hanno esigenze simili. Crescono bene nei climi temperati mediterranei, ma si adattano con facilità anche negli ambienti meno caldi, se non gelivi. Si coltivano entrambe anche in vaso.

RIPRODUZIONE Avviene all'inizio della primavera per talea, utilizzando gli apici giovani prelevati dai rami inferiori. Si interrano per due terzi della lunghezza in terra sabbiosa, all'ombra, mantenendo poi sempre un po' umido il substrato. Il trapianto a dimora delle talee attecchite avviene a fine estate.

CONCIMAZIONI E CURE COLTURALI Rustici e poco esigenti, il rosmarino e la salvia chiedono solo qualche annaffiatura di soccorso nei periodi particolarmente siccitosi, una buona potatura a metà primavera per conservare un portamento compatto e infine una pacciamatura in autunno per proteggere le radici delicate dai rigori invernali.

RACCOLTA Si raccolgono gli apici dei rami a mano a mano che servono in cucina oppure si fanno seccare quelli prelevati con la potatura primaverile o, meglio ancora, in giugno, epoca di massima concentrazione delle essenze aromatiche.

Alcune salvie officinali, come la varietà "Jecterina" dalle foglie variegate e purpuree all'apice, sono tanto utili quanto belle e regalano vivacità all'orto.

Le foglie della salvia, sempreverdi, concentrano le essenze aromatiche e medicinali soprattutto a inizio estate.

RUCOLA

Eruca sativa • Famiglia: Crocifere

● **CLIMA E TERRENO** Si adatta bene alle più diverse condizioni ambientali; teme solo il gelo, che "cuoce" le foglie. Predilige i terreni di medio impasto, tendenzialmente calcarei.

● **SEMINA** Da marzo a ottobre, a spaglio oppure a file distanti 20 cm. Seminando una volta al mese si ottiene di continuo un raccolto di foglioline giovani e molto tenere.

● **CONCIMAZIONI E CURE COLTURALI** È una pianta rustica e cresce bene anche in terreni molto poveri, tuttavia apprezza una buona concimazione con letame. Quando le piantine raggiungono 2-3 cm di altezza, se sono troppo fitte è necessario effettuare un diradamento. Nelle zone a clima mite la rucola rimane produttiva anche durante l'inverno.

● **RACCOLTA** Si recidono le foglie più esterne o l'intera pianta, quando questa ha raggiunto 8-10 cm d'altezza, effettuando il taglio a 2-3 cm dalla base.

AVVERSITÀ

Quando è coltivata non troppo fitta, non soffre di alcuna malattia. Viene però attaccata facilmente dall'**altica** che lascia le foglioline bucherellate. Per combattere questo parassita, sfiorate la coltivazione con un attrezzo formato da un cartone spalmato di vischio e fissato a un bastone, muovendolo in senso rotatorio: le altiche, saltando, incappano nella superficie vischiosa e vi rimangono attaccate.

La specie selvatica ha foglie più strette e un sapore accentuato rispetto a quella coltivata.

SCORZOBIANCA E SCORZONERA

Tragopogon porrifolius e *Scorzonera hispanica* • Famiglia: Composite

Queste due specie, pur appartenendo a generi differenti, sono assai simili sia nell'aspetto che per esigenze colturali, per cui vengono trattate insieme. La scorzobianca si distingue dalla scorzonera perché ha fiori violacei o blu e radice, la parte edule, giallo chiaro; la seconda ha fiori gialli, foglie più ampie nella parte basale e radice di colore brunastro.

● **CLIMA E TERRENO** Gradiscono entrambe il clima temperato-caldo e le posizioni in pieno sole. Il terreno deve essere di medio impasto, profondo, ricco di calcare e di sostanza organica.

● **AVVICENDAMENTO** Ai fini della rotazione si possono considerare tanto colture da rinnovo quanto da intercalare: dipende dall'epoca in cui avviene la semina.

● **CONSOCIAZIONE** Non sono associate ad altri ortaggi.

● **SEMINA** Direttamente nell'orto, a file, da febbraio a maggio o a fine luglio, interrando i semi a 2 cm di profondità a intervalli di 6-8 cm sulla fila e lasciando 30 cm tra le file.

● **CONCIMAZIONI E CURE COLTURALI** Sono ortaggi che sfruttano bene la fertilità residua, per cui sarebbe opportuno distribuire il concime organico, sotto forma di letame o composto,

Le due specie trattate a confronto: scorzobianca (A SINISTRA) *e scorzonera* (A DESTRA).

Le radici dolci

La parte commestibile della scorzonera e della scorzobianca è assai simile a quella delle **cicorie da radice**. Tuttavia le caratteristiche organolettiche sono ben diverse, soprattutto queste hanno un gradevole sapore delicato, mentre quello delle cicorie è amaro.
In passato questi due ortaggi venivano comunemente coltivati soprattutto in Lombardia, Veneto, Liguria. Famosa era per esempio la varietà di scorzobianca "di Milano" con radici molto dolci.

- La **scorzonera** ha radici più lunghe, cilindriche, lisce e brune, ma internamente bianche, tenere e così dolci che si possono mangiare anche crude.
- La **scorzobianca** è conosciuta comunemente anche come sassefrica, salsefrica, salsefica oppure anche come "barba di becco" forse per l'abbondanza di radichette lungo il fittone. Della scorzobianca si consumano, oltre le radici bollite, anche le foglie più tenere, raccolte in primavera.

alla coltura che precede. In ogni caso si deve evitare il letame fresco, perché può provocare la biforcazione del fittone. Le cure colturali prevedono annaffiature in estate se l'andamento stagionale è siccitoso; diradamento delle piantine; rimozione dello stelo con il bocciolo del fiore per favorire l'accumulo di sostanza nella radice commestibile.

RACCOLTA Da ottobre a fine inverno in base all'epoca in cui è avvenuta la semina, quando le radici hanno raggiunto il massimo sviluppo. Nell'estirpare le radici è necessario fare attenzione perché i fittoni potrebbero spezzarsi. Nelle zone a clima mite le radici possono svernare direttamente nell'orto, proteggendo il terreno con uno strato di 10 cm di letame maturo, paglia o erba secca. Negli altri casi le radici possono essere estirpate e stratificate in cassette di legno con sabbia o terriccio umido. Per facilitare la conservazione è necessario recidere il ciuffo di foglie circa 1 cm sopra il colletto.

In sequenza, come effettuare la raccolta senza danneggiare le radici.

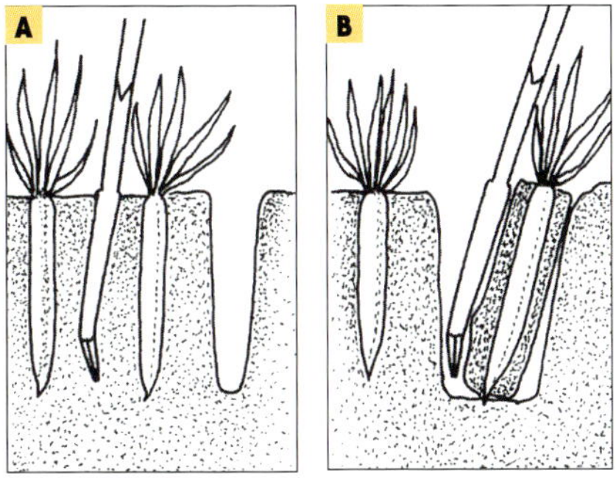

AVVERSITÀ

Oltre a **topi** e **lumache**, ricordiamo tra i parassiti animali gli **afidi**, le **nottue**, gli **elateridi**, le **larve di maggiolino**, il **grillotalpa**; tra le crittogame la **ruggine**, il **carbone**, l'**alternaria**, il **mal bianco**.

Gli afidi neri colpiscono i germogli della pianta provocando deformazioni e favorendo l'instaurarsi di virosi.

SEDANO DA COSTA E SEDANO RAPA

Apium graveolens dulce e *Apium graveolens rapaceum* • Famiglia: Ombrellifere

VARIETÀ Esistono sedani da foglia o da taglio, sedani da radice e sedani da costa. Questi ultimi sono i più diffusi e apprezzati in varietà con coste perfettamente candide dopo imbianchimento, oppure dorate, verdi o rosse. Una ulteriore suddivisione classifica le varietà in estive o invernali, in base all'epoca di raccolta.

Sedano da costa

Sedano rapa

CLIMA E TERRENO Predilige i climi temperati e umidi. Teme la siccità e le gelate. Si sviluppa bene in un terreno di medio impasto, ricco di sostanza organica, fresco e profondo, con pH neutro o leggermente calcareo. Nei terreni sabbiosi il sedano assume un sapore sgradevolmente pungente.

AVVICENDAMENTO La coltivazione non va ripetuta nello stesso appezzamento prima che siano trascorsi 4-5 anni. Può precedere e seguire molti ortaggi, in particolare solanacee (melanzana, peperone, pomodoro).

CONSOCIAZIONE Buona con cavoli, cipolle, porri, insalate, ravanelli, finocchi.

SEMINA Si effettua nei primi mesi dell'anno in semenzaio a letto caldo, altrimenti direttamente nell'orto, a spaglio o a file, interrando i semi a pochi millimetri di profondità. Il trapianto del sedano da coste avviene da metà primavera a metà estate, il sedano rapa in giugno, in ogni caso quando le piantine hanno emesso la quinta foglia e sono alte circa 15 cm. Devono essere accorciate leggermente le foglie e le radici per facilitare l'attecchimento. Nella parcella si lasciano intervalli di 20-25 cm sulla fila e di 30-40 cm tra le file.

CONCIMAZIONI E CURE COLTURALI Il sedano è molto esigente in fatto di sostanza organica (letame o composto) perfettamente matura e interrata per tempo. Durante i lavori preparatori delle parcelle si deve distribuire anche un concime minerale ricco di fosforo e potassio.

L'irrigazione è importantissima per tutto il ciclo di coltivazione, soprattutto appena dopo il trapianto, bagnando poco ma spesso. Per mantenere fresco il terreno e impedire la crescita delle infestanti si può coprire il terreno con una pacciamatura di paglia distribuita tra le interfile. La pratica dell'imbianchimento è utile per rendere più tenere le coste del sedano. Si esegue 2-3 settimane prima della raccolta rincalzando con terra le piante e lasciando esposto alla luce solo l'apice delle foglie oppure fasciando la vegetazione con carta o materiale plastico scuro. Il sedano rapa, invece, all'inizio dell'autunno va privato delle foglie, anche quelle che si formano via via, per favorire l'ingrossamento della radice (turione), che andrà rincalzata un paio di volte prima della raccolta.

RACCOLTA Avviene scalarmente nel corso della coltura, raccogliendo, quando servono, singole coste a cominciare dalle esterne più sviluppate oppure recidendo alla base il cespo intero quando la pianta ha completato lo sviluppo e l'eventuale imbianchimento.

Il sedano rapa va raccolto invece tra l'autunno e la fine dell'inverno, evitando di lasciarlo in terra oltre il massimo sviluppo, altrimenti la radice diventa cava e asciutta.

Sia i sedani da costa sia quelli da radice si conservano bene in cantina, immersi in sabbia un po' umida, oppure nell'orto stesso, sotterrati in una buca ricoperta di terra e foglie di felce insieme ad altri ortaggi che in questo modo si mantengono a lungo turgidi e croccanti, per esempio carote e rape.

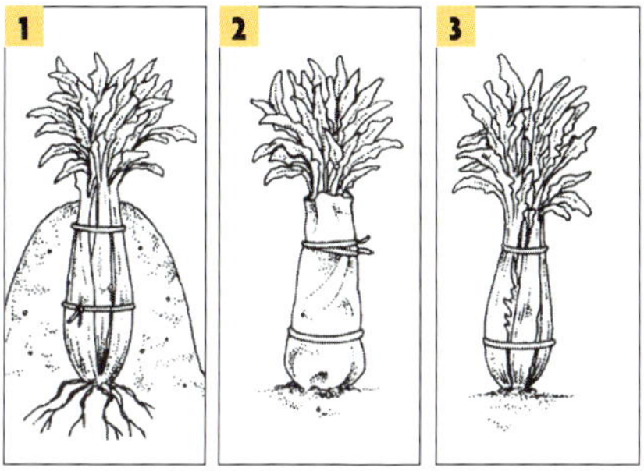

L'imbianchimento del sedano si può ottenere con vari espedienti che hanno lo scopo di proteggere la pianta dalla luce: rincalzatura (1); copertura con telo in PVC nero (2), semplice legatura del cespo (3).

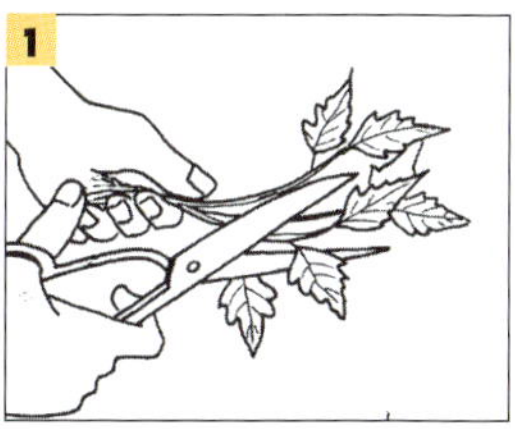

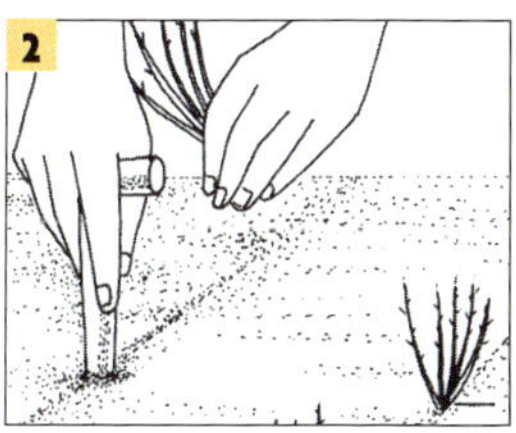

Prima del trapianto è opportuno potare parzialmente foglie e radici (1) e quindi mettere le piantine a dimora distanziandole di circa 20 cm sulla fila e di circa 35 cm tra le file (2).

AVVERSITÀ

Le larve della **mosca minatrice** scavano gallerie all'interno delle lamine delle foglie. Si previene il problema piantando il sedano con porri e cipolle, anticipando o posticipando la semina, irrorando con infuso di tanaceto un paio di volte la settimana.

Tra le crittogame, la **septoriosi** si manifesta con macchie scure sulle foglie. Si previene impiegando semi di 2 anni immersi in un bagno d'acqua calda a 50 °C per 25 minuti prima della semina; utilizzando varietà resistenti; distruggendo le piante infette; evitando di ricoltivare sedano prima di 4 anni nellastessa parcella. La lotta diretta prevede l'impiego di poltiglia bordolese all'1% alla comparsa dei primi sintomi.

La **ticchiolatura** e la **sclerotinia** hanno stessa prevenzione e stesso trattamento.

Foglia con septoriosi

La mosca del sedano: danni da larva (1) e adulto (2).

SPINACIO

Spinacea oleracea • Famiglia: Chenopodiacee

VARIETÀ Le varietà di spinacio appartengono a tre gruppi: primaverili a foglie lisce, invernali a foglie bollose ed estivo della Nuova Zelanda. Quest'ultimo, produttivo in estate, ha foglie romboidali dal sapore simile a quello dello spinacio, ma appartiene a un'altra specie (*Tetragonia espansa*).

CLIMA E TERRENO Gradisce un clima temperato, piuttosto fresco, e sopporta bene il freddo, mentre non tollera la siccità, il caldo e le molte ore di luce dell'estate.

Il terreno più adatto è di medio impasto, ricco di sostanza organica, ben drenato, con pH neutro.

AVVICENDAMENTO Considerata una coltura intercalare, si può però collocare anche all'inizio di una rotazione. La coltivazione sullo stesso appezzamento non andrebbe ripetuta prima di 3 anni.

CONSOCIAZIONE Rapido a svilupparsi, lo spinacio si associa bene a ortaggi a crescita lenta.

SEMINA A spaglio o a file interrando i semi a circa 2 cm di profondità, da febbraio ad aprile per la raccolta primaverile e in agosto-settembre per la produzione autunno-invernale. Con la semina a file va rispettata una distanza sulla fila di 4-8 cm e tra le file di 30 cm.

CONCIMAZIONI E CURE COLTURALI Lo spinacio sfrutta bene la fertilità residua, per cui conviene concimare con letame la coltura che precede. Le cure colturali consistono in annaffiature quando l'andamento climatico lo richiede, diradamento delle piantine e diserbo per evitare la competizione delle erbacce.

RACCOLTA A scalare, asportando l'intera pianta alla radice, qualche centimetro sotto il colletto, quando le rosette di foglie hanno raggiunto lo sviluppo sufficiente. Oppure si possono raccogliere solo le foglie esterne più sviluppate con regolarità. Gli spinaci primaverili si raccolgono dopo appena 8-10 settimane dalla semina, mentre quelli autunnali e invernali dopo 12 settimane. Lo spinacio estivo, o tetragonia, si raccoglie a partire da 6 settimane dopo la semina.

AVVERSITÀ

Vedi bietola da radice. Specifica dello spinacio è invece la **peronospora dello spinacio**, una crittogama che si manifesta sulle foglie con vaste zone clorotiche color ocra convergenti, in corrispondenza delle quali sulla pagina inferiore si sviluppa una muffa feltrosa grigia o violacea; il fogliame si accartocciao e secca. La lotta preventiva si basa su adeguate rotazioni, distruzione di eventuali piante infette, uso di sementi sane di varietà resistenti; annaffiature senza bagnare le foglie. La lotta diretta prevede trattamenti con anticrittogamici a base di rame.

VALERIANELLA

Valerianella olitaria • Famiglia: Valerianacee

VARIETÀ Si distinguono due gruppi di valerianelle: con seme e rosetta di foglie grossi, più adatti alla coltivazione autunnale e sotto tunnel perché poco resistenti al freddo; a rosette piccole, molto più resistenti al freddo e coltivabili all'aperto anche d'inverno, con un semplice riparo.

La valerianella, anche chiamata songino o dolcetta, non deve essere confusa con la *Valeriana officinalis* che è una pianta medicinale con proprietà antispasmodiche, ipnotiche e sedative.

CLIMA E TERRENO Predilige il clima fresco e temperato e teme l'asciutto. Preferisce i terreni argillosi e non troppo lavorati. Paradossalmente, crescerebbe meglio in un campo abbandonato che in un orto rivoltato con cura, concimato e rastrellato.

Ricca di fibre e clorofilla, la valerianella è depurativa.

AVVICENDAMENTO È da considerarsi alla stregua di una coltura intercalare, per cui segue oppure precede una coltura principale.

CONSOCIAZIONE Buona con cavoli, porri e numerosi altri ortaggi.

SEMINA Direttamente nell'orto distribuendo il seme a spaglio e interrandolo a pochi millimetri di profondità, da luglio a inizio autunno, utilizzando semente che abbia almeno un anno.

CONCIMAZIONI E CURE COLTURALI Non necessita di concimazioni specifiche e può sfruttare la fertilità residua del terreno.

In quanto alle cure colturali, consistono essenzialmente nel diradamento delle piantine se sono cresciute troppo fitte e nella protezione con paglia o copertura quando c'è pericolo di forti gelate.

RACCOLTA In genere si estirpa l'intera pianta quando si è formata una rosetta di parecchie foglie. Poiché tende ad appassire piuttosto presto, va lavata e consumata poco tempo dopo la raccolta.

AVVERSITÀ

Le **lumache** sono ghiotte delle foglie di valerianella. Non ci sono altre avversità, se non quelle fungine tipiche dei semenzai, che raramente causano **marciumi del colletto** e **delle radici**.

ZUCCA

Cucurbita spp. • Famiglia: Cucurbitacee

VARIETÀ Le diverse varietà si differenziano per forma (tonda, cilindrico-allungata, a turbante, a bottiglia, a collo di cigno ecc.), aspetto (liscia, bitorzoluta, costoluta) e colore della scorza (verde, verde-gialloa, arancione, screziata ecc.).

CLIMA E TERRENO Esige un clima temperato-caldo e un terreno di medio impasto, fresco e soffice, ben drenato e ricco di sostanza organica e a pH leggermente acido.

AVVICENDAMENTO Pianta da rinnovo, non deve seguire mai anguria, cetriolo, fagiolo, melanzana, melone, peperone, pisello, pomodoro, zucchina.

Inoltre bisogna evitare di ripetere la coltivazione nello stesso terreno prima che siano trascorsi 3 anni.

CONSOCIAZIONE Può associarsi a fagiolo, patata, pomodoro.

SEMINA Direttamente nell'orto in aprile-maggio ponendo in ogni buchetta 4-5 semi alla profondità di 3 cm circa. Le buchette saranno distanziate di 1 m tra le file e altrettanti sulla fila.

CONCIMAZIONI E CURE COLTURALI Si tratta di un ortaggio molto esigente in fatto di concimazione organica. Durante i lavori di preparazione del terreno si interra una grande quantità

di letame o composto, anche se non è ancora perfettamente maturo. Una parte del concime organico, mescolato con terriccio soffice, servirà per riempire le buchette al momento della semina.

Il diradamento, quando le piantine hanno sviluppato tre foglie, mira a lasciare per ogni buchetta l'esemplare più robusto. Tra le cure colturali la più utile è la cimatura del tralcio principale sopra alla quarta foglia per favorire lo sviluppo di germogli ascellari che a loro volta verranno cimati con lo stesso criterio. In seguito, è anche possibile effettuare il diradamento dei frutti, mantenendone non più di 2 o 3 per pianta, perché quelli rimasti diventino più voluminosi.

Infine si può procedere alla rincalzatura dei tralci, interrandone la porzione che striscia sul terreno, in modo da stimolare la formazione di radici che contribuiscono a nutrire la pianta.

RACCOLTA La raccolta è scalare. Avviene da fine estate a tutto ottobre. A fine stagione conviene comunque portare al riparo anche le zucche non ancora completamente mature, perché l'umidità e il freddo notturno possono farle marcire.

Per migliorare la conservazione dei frutti è bene porre al di sotto degli stessi delle tavole di legno o altri supporti che evitino il contatto diretto con il terreno durante il loro sviluppo. In locali ben ventilati e freschi la conservazione varia da un paio di mesi ad oltre un anno.

AVVERSITÀ

Vedi quanto descritto nelle schede di anguria, cetriolo, melone e zucchina.

Tutte le forme della zucca

Con il termine zucca si indicano i frutti di specie diverse appartenenti al genere *Cucurbita*. Se le specie non sono che 5 o 6, le varietà sono invece centinaia, molte delle quali selezionate localmente.

- **C. maxima** è la zucca per eccellenza. Zuccherina e molto produttiva, in genere dà frutti di grandi dimensioni. Appartiene a questa specie, per esempio, la varietà "Marina di Chioggia".
- **C. moschata** ha dato l'avvio a un gran numero di varietà che, rispetto alla specie precedente, sono meno conservabili e più sensibili ai terreni e ai climi umidi. Si riconosce dal particolare sapore aromatico.
- **C. ficifolia** produce frutti tondi od ovali del tutto simili all'anguria, con buccia verde striata di bianco; la polpa è bianca con semi neri. Trova impiego solo in marmellata.
- Oltre a queste specie, ha interesse alimentare **Lagenaria longissima** che ha frutti cilindrici, lunghi anche oltre il metro; si consumano immaturi, quando la scorza è verde chiaro.

ZUCCHINA

Cucurbita pepo • Famiglia: Cucurbitacee

VARIETÀ Sono moltissime le varietà di zucchina attualmente in commercio, che si differenziano per forma (cilindrica, clavata, tonda, costoluta) e colore della buccia (verde scuro o chiaro, giallo, striata o uniforme). Inoltre, in base all'attitudine a entrare in produzione più o meno velocemente, si distinguono varietà precoci, semiprecoci e tardive.

CLIMA E TERRENO La zucchina predilige clima temperato e poco ventoso. Il terreno ideale è sicuramente quello di medio impasto, ricco di sostanza organica, soffice, privo di ristagni d'acqua ma sempre fresco.

AVVICENDAMENTO Pianta da rinnovo, nella rotazione agraria ha diritto a essere coltivata per prima e non va ricoltivata nello stesso appezzamento prima che siano trascorsi 3 anni.

CONSOCIAZIONE Buona con cipolla, fagiolo rampicante, lattuga.

SEMINA Per anticipare la produzione, generalmente si semina al riparo in vasetti, da febbraio ad aprile. Si esegue poi il diradamento delle piantine seminate a postarelle, lasciando solo la più vigorosa.

Il trapianto si effettua quando le piantine hanno 3-4 foglie e non ci sono più pericoli di gelate.

La semina a dimora nell'orto avviene durante la buona stagione, in buchette distanziate di un metro sulla fila e tra le file, interrando poi in ogni postarella 3-4 semi calcolando una profondità di 3 cm.

CONCIMAZIONI E CURE COLTURALI È una coltura esigente, forte consumatrice di letame o composto maturi. Parte del concime organico può essere mescolato con terriccio e versato nelle buchette di semina per fornire immediato nutrimento ai semi.

Tra le cure colturali, le principali sono il diradamento per lasciare in ogni buchetta solo la piantina più forte e la pacciamatura con telo geotessile nero o paglia per mantenere fresco più a lungo il terreno, controllare lo sviluppo delle erbacce e impedire che i frutti vengano a diretto contatto con il terreno.

Il fiore della zucchina è ottimo impanato e fritto, oltre che per insaporire piatti di pasta e risotti.

La raccolta scalare si fa quando il frutto è ancora immaturo.

Inoltre si possono cimare i tralci laterali quando sono lunghi 50 cm con lo scopo di favorire la formazione di frutti.

● **RACCOLTA** A scalare, nell'arco di due mesi o più, quando le zucchine raggiungono i 15-20 cm di lunghezza e il fiore che si trova in cima al frutto è in procinto di aprirsi.

I fiori maschili, che non portano frutto e servono solo all'impollinazione dei fiori femminili, possono essere raccolti ogni mattina, non appena si aprono. Si consumano fritti, ripieni, in risotti e minestre, ma devono essere privatidella parte centrale che contiene il polline, perché è amara.

È un ortaggio dolce e tenero, ma va consumato quando ancora non ha raggiunto grosse dimensioni ed è ancora acerbo: se troppo sviluppato può risultare amaro e acquoso, oltre a essere eccessivamente ricco di semi.

AVVERSITÀ

Oltre alle malattie e ai parassiti in comune con le altre cucurbitacee, le zucchine vanno soggette ad attacchi di **afidi**, che infestano particolarmente le foglie provocandone l'appassimento.

Tra le crittogame particolarmente pericoloso è l'**oidio** o **mal bianco** che colpisce tutte le parti verdi della pianta manifestandosi con una patina biancastra simile a polvere. Successivamente le foglie ingialliscono e seccano. Si previene in stagione evitando di bagnare le foglie e a fine ciclo riparando dalla rugiada le piante ancora produttive. Molto dannosi sono anche il **mosaico** e la **muffa grigia**.

Frutti con danni da mosaico del cetriolo (SOPRA) e da muffa grigia (SOTTO).

Le parole dell'orto

Le nozioni tecniche e scientifiche indispensabili per una corretta coltivazione dell'orto richiedono anche la conoscenza di una terminologia puntuale, presentata nelle pagine seguenti.

ACARI Piccoli ragnetti parassiti, invertebrati (artropodi), appartenenti alla classe degli Aracnidi.

ACCLIMATARE Abituare a un nuovo clima; operazione da compiere con cautela, per esempio, quando si devono abituare le piantine cresciute in semenzaio protetto alla temperatura e alla luce dell'esterno.

ACIDO, TERRENO Terreno che esprime valori di pH inferiori a 7 (in una scala che va da 0 a 14). I terreni moderatamente acidi sono generalmente tollerati dalla maggior parte delle piante coltivate.

ACIDOFILA Pianta che predilige terricci a reazione acida, con pH inferiore a 7, o che in natura si ritrova in terreni acidi.

AFIDI Insetti, spesso privi di ali, dannosi parassiti delle piante.

ALCALINO, TERRENO Terreno che esprime valori di pH compresi tra 7 e 14. È alcalino un terreno ricco di calcare.

ALLEGAGIONE Fase in cui avviene il passaggio dal fiore al frutticino. Tale cambiamento è dovuto alla fecondazione e al conseguente inizio dell'ingrossamento dell'ovario.

ALLESSATURA Forma di degenerazione dei germogli delle piante che appaiono come se fossero stati sottoposti a "cottura". Causa del fenomeno può essere una gelata o un'eccessiva insolazione.

AMMENDANTE Composto che serve a correggere le proprietà del terreno.

ANGUILLULE Piccoli organismi pluricellulari e anguilliformi che vivono parassitizzando piante, animali, funghi, insetti. Mentre i primi sono particolarmente dannosi per le coltivazioni orticole, quelli che vivono a spese degli insetti vengono utilizzati dall'agricoltura biologica per mantenere sotto controllo popolazioni di dorifora, nottua ecc.

APICALE Si dice di organo o appendice che è situato all'apice.

APICE VEGETATIVO Estremità in accrescimento di fusto o radice.

ASCELLA È la zona compresa tra la base del peduncolo fogliare e il ramo (o fusto erbaceo) su cui lo stesso è inserito. Si parla comunemente di fiori e di gemme ascellari riferendosi a quelli che spuntano in tale zona.

ASFISSIA RADICALE Fenomeno causato dall'eccessiva presenza di acqua in terreni troppo compatti (argillosi) che non permette alle radici di respirare. In questa condizione la pianta manifesta sofferenza e l'apparato radicale è soggetto a marciumi più frequenti.

BACCA Frutto carnoso tondeggiante, contenente diversi semi.

BACCELLO Frutto secco composto da un carpello che si apre lungo una sutura su entrambi i lati.

BASICO *vedi* Alcalino

BULBO Grossa gemma sotterranea con fusto breve circondato da foglie.

CALCAREO, TERRENO Terreno ricco di calcare e ossidi di calcio. Di solito un terreno calcareo è anche alcalino.

CALCIFILA Si dice di pianta che predilige terreni calcarei.

CARATTERE Impronta individuale, o segno distintivo, che può riferirsi tanto alla singola pianta (individuo) quanto al gruppo (popolazione).

CIMATURA Intervento di taglio (potatura) sulla vegetazione tenera; si esegue staccando la cima di un getto.

COLLETTO Parte della pianta che segna il limite tra l'apparato radicale e il fusto. È ben distinguibile solo nelle giovani piantine con un leggero restringimento che nella fase adulta non è più individuabile. Si tratta comunque di una parte aerea e non sotterranea.

COMPOSIZIONE CHIMICA In un terriccio risulta dalla qualità e dalla quantità di elementi (azoto, fosforo, potassio, magnesio, ferro, sodio ecc.) contenuti sia nella frazione minerale sia in quella organica.

CONCIME COMPLESSO *vedi* Ternario, concime

COTILEDONI (FOGLIE COTILEDONARI) Una o due foglie già presenti nel seme: lo avvolgono proteggendo l'embrione. Alla germinazione sono le prime a fuoriuscire dal terreno e si riconoscono per la forma e la dimensione diversa dalle "vere" foglie.

CRITTOGAME Termine con cui si indicano genericamente gli organismi vegetali parassiti delle piante.

CULTIVAR *vedi* Varietà

DECOMPOSITORE Organismo che trasforma sostanze complesse in più semplici.

DIRADAMENTO Operazione con cui, dopo il germogliamento, si riduce per selezione il numero delle piantine coltivate; si garantisce così un ambiente di crescita più idoneo a quelle rimaste. Il diradamento oltre che sui germogli può essere eseguito anche su gemme, fiori o frutti.

EMBRIONE Germe di pianticella presente all'interno del seme.

ERMAFRODITO Specie vegetale (o animale) che presenta nello stesso individuo organi riproduttori maschili e femminili.

FASI FENOLOGICHE Insieme degli eventi che avvengono nella vita di una pianta: germogliazione, fioritura, fruttificazione, allegagione ecc.

FEMMINELLA Germoglio erbaceo che si sviluppa all'ascella delle foglie nelle piante erbacee e sulle branche di quelle arboree, normalmente in piante molto vigorose o geneticamente predisposte. Nel corso della coltivazione sono da considerarsi germogli inutili in quanto sottraggono nutrimento alle parti produttiva della pianta. L'operazione di rimozione di questi germogli prende il nome di "sfemminellatura" o "scacchiatura".

FERORMONI Sostanze chimiche prodotte da un animale, che influenzano il comportamento e la riproduzione di altri animali.

FILATE Si dice di piantine che, non ricevendo il necessario apporto di luce, si allungano in altezza e si presentano estremamente esili poiché non producono sufficienti tessuti meccanici di sostegno. Si riconoscono per il colore verde pallido, quasi giallo biancastro, per le foglie di dimensioni ridotte e per gli internodi eccessivamente allungati.

FILE, SEMINA A Distribuzione del seme in solchi paralleli e poco profondi.

FISSAZIONE È la capacità di captare da parte

delle piante (e di alcuni microrganismi) elementi o composti presenti sotto forma gassosa nell'atmosfera (azoto, anidride carbonica).

FITOFAGO Organismo che si nutre di tessuti vegetali. Si dice di animali, tra cui gli insetti, che attaccano le piante.

FITOIATRICO, TRATTAMENTO Distribuzione sulla vegetazione di sostanze chimiche per la cura delle malattie.

FITTONANTE, RADICE Tipica di moltissimi vegetali, si presenta con un asse unico che si allunga nel terreno verticalmente. È rivestita di una serie di radici più piccole, corte, sottili e da peli radicali.

FOTOSINTESI Trasformazione dell'anidride carbonica in sostanza organica (carbonio organico, come zuccheri, cellulosa grassi ecc.). Ha luogo nelle piante verdi grazie alla presenza di clorofilla, la quale permette ai vegetali di elaborare sostanze organiche complesse a spese di semplici sostanze organiche (anidride carbonica e acqua) con l'intervento dell'energia luminosa.

GERMINAZIONE Processo di sviluppo della pianta dal seme.

GRUMI O GLOMERULI Aggregazione di particelle del suolo (specialmente di argilla o limo) che si formano mediante l'intervento di sostanze cementatrici organiche o minerali. Grazie ai grumi il suolo si presenta poroso, con presenza di vuoti che si riempiono di aria e acqua. È questa la condizione indispensabile perché nel terreno si sviluppi l'attività biologica.

GUAINA Parte inferiore della foglia che abbraccia il fusto.

IBRIDAZIONE Incrocio tra individui diversi per uno o più caratteri ereditati.

IBRIDO Individuo animale o vegetale originato da incrocio tra individui appartenenti a specie diverse.

IMBIANCHIMENTO Operazione con cui, tramite coperture (paglia, carta o terra), si protegge la pianta dalla luce. Gambi o foglie diventano così di colore chiaro o bianco e di consistenza tenera.

IMPALCATURA Termine solitamente usato in arboricoltura. Indica la distribuzione dei rami principali che prendono origine dal fusto. Oltre all'impalcatura principale sono evidenziabili impalcature anche sui rami laterali, chiamate secondarie, terziarie ecc.

INCROCIO Fecondazione di individui di varietà diverse; anche il risultato di tale operazione.

INFESTANTE Pianta priva di interesse agrario che cresce nelle coltivazioni assieme alle piante utili.

INTERNODO Tratto di stelo compreso tra due nodi.

LENZA Attrezzo simile al rastrello, con denti metallici mobili conformati a zappa e distanziabili fra loro a seconda di come si desidera tracciare le file sulla proda.

LETTO CALDO (SEMENZAIO) Piccola superficie di terreno o cassetta (in plastica o in legno) sul fondo della quale viene depositato uno strato di letame fresco (20-30 cm). Si ricopre con un eguale spessore di terriccio o terra di campo ben sminuzzata (preferibilmente sterilizzata) e si utilizza per la semina. Il calore sviluppato dai processi fermentativi del letame consente una rapida germinazione dei semi.

LITOTAMNIO O FARINA DI ALGHE Prodotto ottenuto dalla macinazione di alghe *Littho-thamnium*, utilizzato in agricoltura biologica come ammendante, fitostimolante, antiparassitario, oltre che per arricchire e migliorare il composto.

LOTTA BIOLOGICA Moderno metodo di difesa dai parassiti delle piante. Sfrutta la rivalità (antagonismo) naturale tra organismi viventi, così da controllare i parassiti di una coltura senza distruggerli totalmente ma limitandone lo sviluppo al di sotto della soglia del danno economico.

LOTTA INDIRETTA Viene così definito l'impiego di particolari pratiche agronomiche che hanno lo scopo di prevenire l'insorgenza di malattie e l'instaurarsi di parassiti tipici di una determinata coltura.

MARGOTTA Metodo di moltiplicazione che sfrutta la capacità delle piante di emettere radici anche da una zona di ramo o fusto ancora unito alla pianta madre, qualora venga messo a contatto con un substrato idoneo.

MICROELEMENTI Elementi minerali semplici presenti nel suolo in concentrazioni inferiori a un grammo per chilogrammo di terreno. La loro equilibrata presenza permette lo sviluppo ottimale delle foglie e dell'apparato radicale oltre ad agevolare il processo della sintesi clorofilliana.

MICRORGANISMI Termine generico indicante tutti gli esseri viventi visibili soltanto a un forte ingrandimento.

MINA Galleria scavata nelle foglie da alcune larve d'insetti.

MOSAICO Aspetto a chiazze decolorate tipico delle foglie di piante colpite da determinate virosi.

NODO Punto del fusto in cui sono inserite una o più foglie.

PACCIAMATURA Copertura della superficie del terreno con materiali che ostacolano la crescita delle erbe infestanti. Nell'orto il materiale migliore è sicuramente la paglia (a volte viene utilizzata anche la carta). È possibile usare anche telo o film plastico nero, praticando dei fori in corrispondenza delle piantine. In estate questo materiale surriscalda molto il terreno (solarizzazione), svolgendo anche un ruolo di disinfestazione dagli insetti terricoli. Ma attenzione: alcune piante sono sensibili al terreno troppo caldo e appassiscono velocemente.

PANE DI TERRA Porzione di terreno o terriccio localizzato intorno alle radici e così mantenuto per proteggerle nelle fasi di estirpazione dal vivaio e di trapianto.

PARASSITA Individuo che, negli stadi giovanili, si sviluppa a spese di un solo organismo di un'altra specie, ma dello stesso regno. Il parassitismo può essere di un animale nei confronti di un altro animale, o di un vegetale nei confronti di un altro vegetale, senza possibilità di interscambio.

PERIODO DI INCUBAZIONE Tempo che intercorre dall'arrivo di una spora fungina sulla pianta alla sua germogliazione.

PICCHETTATURA Tecnica vivaistica che consiste nel trapiantare giovani pianticelle una o più volte in spazi sempre più grandi. Ciò consente un migliore sviluppo radicale e di conseguenza una miglior crescita della vegetazione.

PICCIOLO Parte che unisce il frutto o la foglia del ramo. Si usa il termine "peduncolo" quando si vuole indicare il gambo del fiore.

POLLONE Ramo o fusto erbaceo che si sviluppa dalle radici di molte piante, soprattutto arboree e arbustive. È sempre molto vigoroso e robusto.

PORCA Viene definita "a porche" la semina effettuata in una zona di terra rialzata tra due solchi per evitare qualsiasi forma di ristagno idrico.

PREDATORE Viene così definito un insetto che distrugge la sua preda per attacco diretto e che si nutre di più prede nel corso della sua vita.

PRODOTTO DI SINTESI Sostanza, presente o non presente in natura, prodotta con processi pilotati dall'uomo.

PRUINA Patina cerosa di spessore molto limitato che riveste foglie e frutti di molte specie vegetali. Ha la funzione di proteggere i frutti e le foglie dall'evaporazione, dall'eccessiva concentrazione dei succhi, dalla penetrazione di acqua e dai colpi di sole.

REAZIONE O PH In un substrato e terreno indica il rapporto reciproco tra sostanze acide e alcaline. Con la sigla pH 7 si indica la reazione neutra; con pH compreso tra 6 e 1 valori crescenti di acidità; con pH da 7 a 14 considerando valori crescenti di alcalinità.

RIFIORENTE Pianta che fiorisce spontaneamente più volte l'anno.

RIPRODUZIONE AGAMICA Avviene mediante porzioni di pianta o di tessuti (gemme, bulbilli, zampe, tuberi ecc.) capaci di riprodurre l' individuo con tutte le caratteristiche varietali.

RIPRODUZIONE SESSUALE Moltiplicazione per seme, originato dalla fecondazione; dà origine a individui con caratteri misti del padre e della madre.

RIZOMA Fusto sotterraneo o strisciante in superficie considerato organo di riserva e utilizzato per la riproduzione agamica perché porta gemme e radici.

RUSTICA Pianta (specie o varietà) che si adatta a qualsiasi tipo di terreno.

SARCHIATURA Lavorazione del terreno con la quale si mira in genere a eliminare le erbe infestanti, a smuovere la "crosta" superficiale del suolo e ad aumentare la terra intorno alla base del fusto delle piante coltivate.

SCERBATURA Operazione manuale con la quale si eliminano le erbe infestanti da una superficie coltivata.

SCIOLTO, TERRENO Terreno caratterizzato dalla presenza di particelle di dimensioni abbastanza grosse (sabbia, ghiaia, ciotoli). Questo comporta la presenza di numerosi spazi vuoti (macropori) che determinano un rapido sgrondo delle acque.

SEMENZAIO Piccola superficie di terreno protetta ed esposta in pieno sole in cui si distribuisce il seme degli ortaggi destinati al trapianto. Può essere anche un contenitore di piccole dimensioni, di legno, di metallo, di plastica o di altro materiale, con all'interno terreno soffice e fertile (sabbia e torba).

SGRONDO Passaggio rapido dell'acqua attraverso il terreno che evita dannosi ristagni idrici.

SIMBIOSI Associazione stretta tra due organismi differenti nei quali avviene un mutuo e vantaggioso scambio. Ne è un esempio l'associazione tra leguminose e *Rizobium*: questi ultimi forniscono alla pianta l'azoto che fissano dall'atmosfera mentre le radici delle leguminose ospitano e nutrono il batterio.

SISTEMICO Prodotto per la difesa delle piante capace di penetrare e traslocare all'interno dei tessuti vegetali.

SOVESCIO Sotterramento di alcuni tipi di piante per arricchire il terreno.

SPOLLONATURA Eliminazione dei polloni (*vedi*) per evitare un'eccessivo dispendio energetico alla pianta.

SPORE Cellule riproduttive attraverso le

quali i funghi si diffondono e riproducono. Si distinguono dai semi perché non hanno cellule differenziate in germoglio, cotiledoni ecc. Possono essere composte da una o più cellule, comunque uguali fra loro.

STRUTTURA Nei terricci dipende dalla dimensione dei costituenti e determina caratteristiche di enorme importanza, quali la compattezza, la permeabilità, la capacità idrica.

SVERNANTE, ORGANISMO Vengono così definite le sembianze o mutazioni tipicamente assunte da alcuni organismi (spore o micelio per i funghi, crisalidi o uova per gli insetti) per superare i periodi critici invernali.

TERNARIO, CONCIME Prodotto nel quale sono presenti i tre elementi principali della fertilità, cioè azoto (N), fosforo (P) e potassio (K). È sinonimo di concime complesso.

TERRENO VEGETALE Rappresenta lo strato più superficiale del suolo (da 10 a 20 cm di profondità), nel quale si concentra la sostanza organica e l'attività dei microrganismi. In esso si sviluppa prevalentemente l'apparato radicale delle essenze del tappeto erboso.

TORBA Materiale ricco di detriti vegetali decomposti dall'acqua nel corso dei secoli. Per l'alto contenuto di sostanze organiche e la capacità di trattenere notevoli quantità d'acqua è uno dei substrati più usati nell'orto e giardino, in particolare per stimolare il radicamento delle talee e delle giovani piantine.

TUBERO Organo sotterraneo, formatosi in seguito a un processo di adattamento di una parte della pianta, con funzione di riserva delle sostanze nutritive.

TURIONE Germoglio giovane e carnoso che si sviluppa direttamente dal terreno. È la parte commestibile dell'asparago.

UREA Concime azotato, granulare, che ha la caratteristica di cedere azoto al terreno. Viene talvolta utilizzata anche nelle biomasse vegetali da compostare per equilibrare il rapporto fra azoto e carbonio.

VARIETÀ Insieme di piante chiaramente contraddistinte per caratteristiche simili, appartenenti alla stessa specie e che, quando riprodotte, conservano i loro caratteri distintivi. Viene definita "sintetica" quando è ottenuta con un lavoro di miglioramento genetico incrociando liberamente tra loro un certo numero di individui preventivamente selezionati.

VIROSI Infezioni, in genere molto pericolose, provocate da entità submicroscopiche che penetrano nelle piante attraverso punture d'insetto (afidi), di nematodi o per ferite causate nel corso delle lavorazioni colturali. Si manifestano con caratteristiche aree scolorite (mosaico) ma anche con altre sintomatologie come avvizzimenti, apici ricurvi ecc. La lotta si basa soprattutto sulla soppressione dei parassiti vettori e sulla prevenzione (uso di attrezzi da lavoro puliti, di piantine sane o resistenti).

ZAMPA Porzione di rizoma con radici, usata per la moltiplicazione degli asparagi.

Indice analitico

I numeri in neretto si riferiscono alle schede di trattazione specifica, quelli in tondo alle citazioni nel testo, quelli in corsivo alle citazioni in didascalia e nei box.